文經閣

貧者因書而富
富者因書而貴

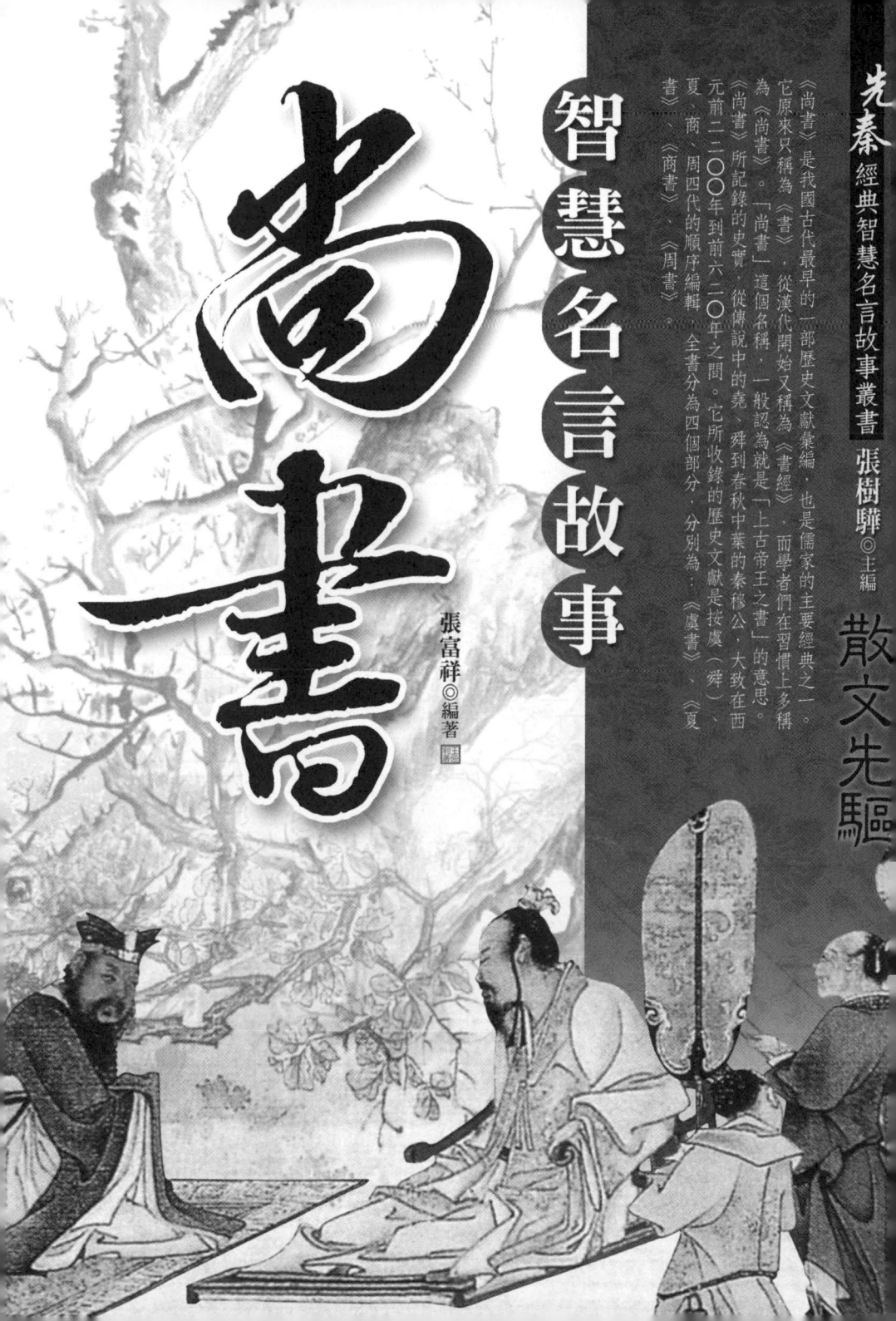

先秦經典智慧名言故事叢書

張樹驊◎主編

散文先驅

尚書

智慧名言故事

張富祥◎編著

《尚書》是我國古代最早的一部歷史文獻彙編，也是儒家的主要經典之一。它原來只稱為《書》，從漢代開始又稱為《書經》，而學者們在習慣上多稱為《尚書》。「尚書」這個名稱，一般認為就是「上古帝王之書」的意思。《尚書》所記錄的史實，從傳說中的堯、舜到春秋中葉的秦穆公，大致在西元前二二〇〇年到前六二〇年之間。它所收錄的歷史文獻是按虞（舜）、夏、商、周四代的順序編輯，全書分為四個部分，分別為：《虞書》、《夏書》、《商書》、《周書》。

導讀

《尚書》是我國古代最早的一部歷史文獻彙編，也是儒家的主要經典之一。它原來只稱為《書》，從漢代開始又稱為《書經》，而學者們在習慣上多稱為《尚書》。「尚書」這個名稱，一般認為就是「上古帝王之書」的意思。

這部書的編集和流傳情況非常複雜。相傳在春秋末年以前，類似的歷史文獻原有三千多篇，到春秋末年孔子搜集並加以整理，從中選出一百篇，才編成了後來流傳的《尚書》。真實的情況是不是這樣，現在已經不可考了。有許多人認為，這部書在孔子以前，就已經有多種不同的本子流傳；大致到戰國時代，學者們不斷地整理編集，既有刪除，又有補充，才逐漸形成了體例上比較統一的「定本」。秦始皇統一中國後，下令燒毀古代典籍，《尚書》也未能倖免。西漢初年，曾做過秦朝博士的濟南人伏勝（又尊稱伏生）在鄉里傳授私藏下來的《尚書》，已僅有二十八篇（加上一篇序言共二十九篇）。漢文帝時官方所用的《尚書》就是這二十八篇，因為是用當時通行的隸書重新抄寫的，所以被稱為《今文尚書》。漢武帝末年，因為偶然的機會，又在曲阜孔子故宅的牆壁中發現了一部《尚書》，比伏生所傳的《尚書》多十六篇，是用漢代以前的一種古體字抄寫的，所以被稱為《古文尚書》。另外，後來還有單篇的發現。可惜的是，不論《今文尚書》還是《古文尚書》，其原本至遲到西晉時就都已失傳。現在人們看到的《尚書》，是東晉初年有個叫梅賾（賾音ㄗㄜˊ）的官員獻到朝廷的。這個本子來路不明，據研究，它是把《今文尚書》的二十八篇分為三十三篇，另外又增加號稱「古文」的二十五篇，從而湊成了東漢末年學者所說的《古文尚書》五十八篇之數。唐朝初年注釋《尚書》用的就是這個本子，現在還保存在《十三經注疏》中。不過從南宋開始，就有人懷疑這個本子不是漢代的《古文尚書》。至清朝初年，經學家閻若璩撰成《古文尚書疏證》一書，才斷定這個本子的「古文」部分（二十五篇）是出於魏、晉時人的「偽造」。這一結論後來得到學術界的公認。

有必要指出，現存《尚書》的「古文」部分雖然公認是「偽書」，對這部分文字的價值卻不能一概否定。事實上，魏、晉時人的所謂「偽造」，大抵是根據《尚書》原有的篇名，從古籍中搜集散存的《尚書》文句而重新組織起來的。這種工作類似於輯軼，只是很不嚴格，其中不免有任意改編或添加之處，以求把本來不好讀、看不懂或不接續的古文字組織得文從字順。即便如此，這部分文字還是保存了不少大體接近原貌的《尚書》古文句和重要史料，未可忽視，尤其不可僅僅當作魏、晉學者的著作來看待。

討論《尚書》的體例和內容等情況主要依據現存《尚書》的「今文」部分（三十三篇）。

這部分文字特別難讀，一向號稱「詰屈聱牙」，仍大體保留著先秦時《尚書》本文的原貌。

《尚書》所記錄的史實，從傳說中的堯、舜到春秋中葉的秦穆公，大致在西元前二二〇〇年—前六二〇年之間。它所收錄的歷史文獻是按虞（舜）、夏、商、周四代的順序編輯的，也就是全書分為四個部分，分別叫做《虞書》（第一篇是《堯典》）、《夏書》、《商書》和《周書》。《虞書》和《夏書》篇幅不多，實際是後人追述古代事蹟的著作；《商書》約佔全書篇幅的三分之一，《周書》則佔了全書篇幅的大半，這兩部分都主要依據當時的文件資料寫成。全書各篇都有標題，但標題的方式不一致，除以人名、事項、事件為內容標題外，還有相當一部分稱為「典」、「謨」、「訓」、「誥」、「誓」、「命」。

「典」指一代大事，「謨」指某一方面的大事，「訓」為訓導之詞，「誥」相當於後世帝王的詔令，「誓」為誓師之詞，「命」指冊命、任命等文詞。總括起來說，全書文字的絕大部分是當時統治者的講話記錄和文告。相關文件原來都是保密的，由王朝史官存檔和保管，至西周滅亡以後才陸續流散出來，春秋時的文件當然流傳更晚。不過，這些資料被編入《尚書》以後，有好多已經不是文件的原樣了。

《尚書》文字古奧，記事也還相當簡單，但是它的許多篇章流傳兩三千年，至今已成為瞭解上古歷史必不可少的重要資料。是書中所保存的商、周二代史料，特別是西周初年的史料，多可與甲骨文、金文史料相參證，對於後人研究當時的社會政治狀況、宗教和文化觀念等，都有很高的價值。全書內容最為突出的有兩大類，一是說要「敬天法祖」，一是說要「討伐逆命」，這是由於上古時代的國家以祭祀和征伐為兩件大事。受到時代、社會發展階段和階級立場等多方面的限制，《尚書》中的大量內容在今天都是需要批判地看待的，然而它也和其他儒家經典一樣，對中國傳統文化的演進和嬗變產生過極其深刻的影響，書中所包含的很多精粹內容和優秀傳統文化因素，還是應當而且需要繼承下來，並使之得以弘揚和發展的。譬如注重以德治國、「敬德保民」的德政思想，強調「民為邦本，本固邦寧」的民本思想，主張選賢與能、任人唯賢的用人思想，以及宣導社會公正、反對偏私政治和濫用刑罰、告誡統治者要以身作則和厲行節儉等等，都是中國傳統文化的優秀內容，不論在過去、現在和將來都有普遍的借鑑意義。《尚書》中許多精闢的話語，包括一些涉及社會生活與人生修養的話語，成為後人經常引用的格言，有著廣泛的影響。

我們現在編寫的這本小冊子，目的是以「名言故事」的形式向讀者介紹《尚書》的部分精華內容。各條的順序仍按原書篇章的先後編排，每一條先列出名言「原文」，然後約略說明其「要義」（包括名言產生的相關背景、名言的基本含義和現代啟示等，並對名言中難認難懂的字詞作簡要注釋），接下又用「故事」來印證名言。所選「故事」基本上不是原書中記載的史實，也不拘於是哪個時代的「故事」，我們選取的標準是故事與名言及其「要義」都有著密切的關聯；同時我們在每一條名言後面的「故事」部分，一般也只講故事，不添加解釋或說明性的文字，以便讀者自己思考，因事而明理，由明理而更深入地理解名言。清代學者章學誠說過：「古人事見於言，言以為事，未嘗分事、言為二物也。」（《文史通義・書教下》）這句話是章學誠在討論《尚書》時說的。我們在這裡就採取以名言引出故事、以故事解讀名言的做法，從而言、事不相離，以求讀者在閱讀之後能加深印象，觸類旁通。

還有一點需要說明的是，我們在這裡所選的《尚書》名言，根據的是《十三經注疏》本，也就是現在通行的《尚書》版本。如前所說，這一版本的「古文」部分出於魏、晉時人的「偽作」，有些資料是不可信的。但是其中可信的材料也不能丟棄，況且僅就「名言」而言，哪些應是古語，哪些可能晚出，還是大致可以辨別的；即使有的難以辨別，如果後人引用很多，那也就與舊時「名言」沒有什麼根本性的差異了。所以我們在選名言時，既注重今本《尚書》的「今文」部分，也沒有放棄它的「古文」部分。鑑於歷來對《尚書》的研究還存在許多分歧，這裡也不再註明所選名言是出於「今文」還是「古文」篇章。

《尚書》智慧名言故事

誠信謙讓

【名言】

允恭克讓，光被四表，格於上下。

——《堯典》

【要義】

允，誠實、誠信。恭，恭謹、對自己的職責不敢懈怠。克，能夠。讓，謙讓、讓賢。光，光明、光耀。被（被音ㄆㄧ），及。四表，四海之外、四方極遠的地方。格，至。上下，這裡指天地。這是稱頌帝堯道德的話：處事講究誠信，恭謹而謙讓，其聲名遠播四海之外，至於天地上下。

【故事】

堯、舜、禹相傳都是我國原始社會後期著名的部落聯盟首領，三者之間的「禪（禪音ㄕㄢˋ）讓」制度被譽為上古社會政治制度的典範，一直為後世所推崇和稱頌。

在堯、舜、禹所處的那個時代，凡有大事，部落聯盟首領不能獨斷專行，而要和各部落首領共同商議以後才能決定。

堯年紀老了，想找繼承人。他召集四方部落首領來商議。堯說出他的打算後，有人推薦他的兒子丹朱；堯認為丹朱經常跟人吵架，品德不好。又有人推薦管水利的共工，說他對工作認真負責，也是個合適的人選；堯卻說共工能說會道，陽奉陰違，表面恭謹，心裡另是一套。這兩個人都不行。

這次討論沒有結果，堯繼續物色他的繼承人。

有一天，他又把四方部落首領找來商量，要大家推薦。到會的部落首領們一致推薦舜。堯也聽說這個人很優秀，大家就把舜的詳細情況介紹給堯。

舜的父親是個糊塗透頂的人，人們叫他瞽（瞽音ㄍㄨˇ）瞍（瞎老頭）。舜的生母死得早，後母很壞。後母生的弟弟名叫象，瞽瞍很寵他，象就經常欺負舜。有一回，瞽瞍叫舜修補糧倉的頂。當舜爬上倉頂的時候，瞽瞍就在下面放起火來，想把舜燒死。舜在倉頂上看見起火，就找梯子，梯子已經不知去向。幸好舜戴著遮太陽用的笠帽，他就雙手拿著笠帽，像鳥張開翅膀一樣跳下來，舜輕輕地落在地上，一點也沒受傷。瞽瞍和象並不甘心，他們又叫舜去淘井。舜下井後，瞽瞍和象就在地面上用土石丟下井去，把井填死，想把舜活活埋在裡面。沒想到舜在井壁邊掘了一個通道，通到旁邊的另一座井中，又從那井裡鑽了出來，安全地回家了。象不知道舜早已脫險，得意洋洋地回到家裡，心裡想：這一回哥哥一定死了，我可以把哥哥的財產獨吞了。他向舜住的房子走去，哪知道，他一進屋子，看見舜正坐在床上。象心裡暗暗吃驚，很不好意思地說：「哎，我多麼想念您呀！」舜也裝作若無其事，說：「你來得正好，我的事情多，正需要你幫助我來料理呢。」之後，舜還是像過去一樣和和氣氣地對待他的父母和弟弟，瞽瞍和象也不敢再暗害舜了。即便生活在這樣一個家庭裡，舜也待他的父母、弟弟很好，所以，大家認為舜是個有德行的人。

堯聽了挺高興，決定先考察一下。他把自己的兩個女兒娥皇、女英嫁給舜，以便從生活中考察他的言行。另外，還替舜築了糧倉，分給他很多牛羊，看他做事的能力。經過考察，堯認為舜確是個品德好又很能幹的人，就把首領的位子讓給了舜。這種讓位，歷史上稱做「禪讓（禪讓音ㄕㄢˋ ㄖㄤˋ）」。

舜即位後，也是既勤勞，又儉樸，跟老百姓一樣勞動，受到大家的信任。又過了許多年，堯死了，舜還想把部落聯盟首領的位子讓給堯的兒子丹朱，可是大家都不贊成，舜才正式當上了首領。

舜年老以後，也像堯一樣，物色繼承人。

那時候，黃河流域發生了很大的水災，莊稼被淹了，房子被毀了，老百姓只好往高處搬。不少地方還有毒蛇猛獸，傷害人和牲口，老百姓苦不堪言。

起初是禹的父親鯀（鯀音ㄍㄨㄣˇ）治水。他只懂得水來土掩，造堤築壩，但是洪水太大了，屢屢沖垮了堤壩。結果他用了九年時間，沒有把洪水制服，水災反而更嚴重了。禹改變了他父親的做法，用水渠排水、疏通河道的辦法，把洪水引到大海中去。經過十三年的努力，終於把洪水引到大海裡去，地面上又可以供人種莊稼了。

禹開始治水時，剛新婚不久。為了治水，他到處奔波，多次經過自己的家門都沒有進去，史書稱之為「三過家門而不入」。有一次，他妻子塗山氏生下了兒子，嬰兒正在哇哇地哭，禹在門外經過，聽見哭聲，也狠心地沒進去探望。

當時，黃河中游的龍門山（在今山西河津西北）堵塞了河道，把河水擠得十分狹窄。奔騰東下的河水受到龍門山的阻擋，常常溢出河床，鬧起水災。禹到了那裡，觀察好地形，帶領人們開鑿龍門。他以身作則，和老百姓一起勞動。禹戴著笠帽，拿著工具，率領大家把這座山鑿開了一個大缺口。這樣，河水就暢通無阻了。

後代的人都稱頌禹治水的功績，尊稱他是大禹。

因為禹治水有功，大家都推選禹。到舜一死，禹就當上了部落聯盟首領。

禹原來有個助手叫皋陶（皋陶音ㄍㄠ ㄧㄠˊ），本是東夷族的首領，曾經協助禹治理大聯盟的政事。按照禪讓的制度，本來是應該讓皋陶做禹的繼承人。但他沒有來得及繼位就死去了，於是大家又推舉另一位首領伯益做禹的繼承人。可是，禹死後，禹所在的夏部落的貴族卻擁戴禹的兒子啟繼承了禹的位置。這樣一來，氏族公社時期的部落聯盟選舉制度就被廢除了，變成了王位世襲的制度。我國歷史上第一個奴隸制王朝——夏朝出現了。

詩言志

【名言】

詩言志，歌永言，聲依永，律和聲。

——《舜典》

【要義】

永，同「詠」。聲，指「宮、商、角、徵、羽」五聲，是古代的音階。律，指十二律，古代確定音調的標準。這句話的意思是說，詩是用來表達思想感情的，歌是唱出來的語言，五聲依據歌唱而構成有節奏的樂曲，樂律則使五聲和諧。

這是上古人民在長期勞動實踐中不自覺地累積起來的寶貴藝術創作經驗，它為我國後世現實主義文學藝術的發展奠定了基礎，指明了道路，對我國古代文學藝術的發展有著深遠的影響。

【故事】

鄒忌是春秋戰國時期齊國齊威王時代的一名著名琴師，琴彈得很好。他以彈琴的道理來勸諫齊威王，取得了顯著的效果，在歷史上傳為佳話。

周顯王十二年（前三五七年），齊桓公死後，由他的兒子齊威王即位。齊威王剛當國君的時候，只知道吃喝玩樂，對朝中大事不聞不問。尤其迷戀彈琴，經常獨自關在後宮內撫琴自娛。一晃九年過去了，國力日趨衰敗，百姓困苦不堪。周邊國家韓、趙、魏等國看到齊威王如此昏庸，接連起兵進犯。齊國連吃敗仗，邊防線上不斷報警，齊威王仗著國大業大，都當耳邊風，照樣不把國事放在心上。大臣們擔心國家的安危，心急如焚，紛紛來勸說他，但是他不聽，依舊我行我素。

齊威王見勸諫的大臣妨礙自己的雅興，乾脆下令不准進諫的人進王宮，如有違者，立即賜死。大臣們見齊威王根本不聽勸諫，又下了死令，大家只好甘休。後來也就沒有多少人敢勸他，就這樣齊國逐漸衰落下去。

鄒忌聽說齊威王愛好琴樂，就來到王宮門口，對侍臣說：「聽說大王愛彈琴，我特地前來拜見，為大王彈琴。」

齊威王一聽很高興，馬上叫他進來。鄒忌走到齊威王跟前，首先請求先聽齊威王彈琴。齊威王彈了以後，鄒忌連聲叫好，齊威王就問道：「那麼你說一說，我的琴藝好在哪裡？」

鄒忌回答：「我聽您彈琴的聲音有時典雅莊重，猶如一位明君的形象浮現在眼前；我聽您彈出來的聲音有時清晰明朗，好像一位賢君向我走來。而且我看到您彈琴的指法十分嫻熟，聽到您的琴聲十分和諧悅耳，時而激越，時而深沉，時而平緩，既靈活多變，又相互協調，就像一個國家應時而變的政令一樣。聽到您這悅耳的琴聲，怎麼不令我叫好呢？」

齊威王聽了鄒忌這番讚美之詞，心裡十分高興，但又不好意思表現出來，就說：「你真是一位高明的琴師，請你也為我彈一曲吧。」齊威王說著，吩咐左右擺上几案，將琴放好。

鄒忌把手放在琴弦上，卻一動不動。齊威王正準備洗耳恭聽，但好長一會沒有動靜，他著急了，就問道：「你怎麼不彈呢？」

鄒忌回答說：「琴好彈而理解琴難呀！」

齊威王又說：「琴有何講究？」

鄒忌道：「古時候，伏羲做的琴長三尺三寸六分，比擬一年三百六十日；上圓下方，猶如以法規治理天下。彈琴本來為陶冶性情，是修身養性的方式。」

齊威王聽後，似有所悟地點點頭，又催促他快彈琴。

鄒忌說：「光會彈琴，算不得什麼本領，還須精通琴理。」

齊威王說：「我一向只聽人們彈琴，還沒聽過琴理，你既然精通，就說給我聽聽吧。」

鄒忌說：「琴是高雅的樂器，琴聲不只是悅耳，還能陶冶人的情操。琴弦的粗細，聲音的高低，手指的配合，彈撥的緩急，都很重要。如果配合得當，音調悅耳；如果失調，就是亂音。這和治理國家一樣，上要積極引導，下要積極配合。上下一致，國家才會昌盛。」鄒忌接著侃侃而談：「彈琴和治理國家一樣，必須專心致志。五根琴弦好比君臣之道：大弦音似春風浩蕩，猶如君也；小弦音如山澗溪水，有似臣也。應彈哪根弦就認真地去彈，不應該彈的弦就不要彈，這如同國家政令一樣；五弦配合協調，才能彈奏出美妙的樂曲，這正如君臣各盡其責，才能國富民強，政通人和。彈琴和治國的道理一樣呀！」

鄒忌接著說：「我之所以遲遲不彈，是學您的樣子呀！」齊威王對鄒忌的話迷惑不解。鄒忌笑道：「我是琴師，彈琴是我的本行，我也想成為高手，所以成天琢磨彈琴的道理，一時沒彈，您就急成這個樣子。您身居王位，治理國家，掌握著整個國家的命運，國家在您手中就好像琴在我手中一樣。您不管國家大事，這跟我擺著琴不彈有什麼兩樣呢？我擺著琴不彈，大王很不高興。大王面前擺著齊國這架大琴，即位九年了卻不去彈它，一切國事都讓下臣去做，連敵國屢屢進犯、打算瓜分齊國的軍國大事大王也不放在心上，難道人們就不著急嗎？恐怕齊國的大臣百姓們也不會高興吧！」

齊威王一怔，這才意識到鄒忌的來意不是彈琴，連忙問道：「先生莫非另有他意？」

鄒忌說道：「是的，我知道琴聲也是心聲。琴不彈則不鳴，國不治則不強。」

齊威王從鄒忌的一番話中悟出了道理，於是向他求教如何治理國家：「先生說得對！你以琴諫寡人，使我耳目一新。九年積重難返，我該怎麼做才好呢？」

鄒忌說：「這個不難，大王應該像您每天勤於彈琴那樣，當務之急是振興國家。」

齊威王問：「這個我能做到。可是，從哪方面著手呢？」

鄒忌指著五根琴弦說：「大王可以從選賢任能、廣招人才、興利除弊、不近聲色、發展生產、操練兵馬、關心百姓等方面著手。這些都做到了，何愁齊國這架大琴奏不出美妙的樂曲呢？」

齊威王明白了：這位自稱「琴師」的鄒忌原本是個具有治國、平天下才能的人。於是，他請鄒忌做相國，並採取了一連串治國安邦的措施，使齊國逐漸強盛起來，被楚、魏、趙、韓、燕五國公推為霸主。

鄒忌不直接勸諫，而是從齊威王喜歡彈琴著手，漸漸地用彈琴的道理來比喻治理國家，使齊威王接受了他的建議。此後，鄒忌彈琴諫齊王的故事被傳為美談。

直溫剛簡

【名言】

直而溫，寬而栗，剛而無虐，簡而無傲。

——《舜典》

【要義】

栗，嚴肅謹慎。這句話的意思是：性格正直而溫和，為人寬厚而嚴謹，性情剛毅而不欺凌別人，態度簡約而不傲慢。這句話原本是帝舜讓樂正夔教年輕人音樂所要達到的要求，後世儒家也用它作為士人的道德修養標準。儒家對個人的要求可以用一句話來概括，那就是「修身、齊家、治國、平天下」，也就是我們平常所說的修齊治平。其中「修身」是第一位的，是基礎。《尚書》作為儒家十三經之一，非常注重個人的道德修養，這也可視作後世士人的立身之本。

【故事】

陶淵明是東晉著名的詩人和散文家，他的《桃花源記》膾炙人口，成為東晉以後歸隱士人理想的精神家園；他的詩句「採菊東籬下，悠然見南山」道出了寧靜、淡泊的境界，至今傳唱不衰。儘管他的文學成就斐然，但仕途卻是非常坎坷，其間的「不為五斗米折腰」被後人傳為佳話。

陶淵明是東晉潯陽柴桑（今江西九江西南）人，出身於仕宦之家。曾祖陶侃是晉朝大司馬，封長沙郡公；祖父和父親都做過太守一類的官。到他出生時，父親已死，家道中落。到少年時，家裡已經非常貧窮，生活相當艱苦。他天資聰穎，讀書常過目不忘，雖家貧卻飽讀詩書。在儒家思想的影響下，他曾胸懷建功立業的壯志，想創下一番事業，但是，當時東晉政治腐敗，社會黑暗，腐朽的門閥制度控制著整個社會上層，一般出身的士人很難在仕途上得到大的發展。他曾幾度做官，先後任過江州祭酒、鎮軍參軍、建威參軍等官職，但他志向清高，又生就一副剛直不阿的性格，既不肯隨波逐流，與世俗同流合污，又不願向當權者獻媚求榮。因此，在擔任幾個官職期間，陶淵明不僅沒有升遷，反而被同僚排擠。

東晉安帝義熙元年（四〇五年）八月，陶淵明因其家貧而有才，遂被舉薦為彭澤縣令。彭澤在江西北部，居長江南岸，鄰接安徽，離陶淵明家鄉只有一百多華里。他和僕人陶青離開家鄉柴桑，趕赴彭澤上任。兩人從早晨出發，到下午二時許，便已到達縣城。當時剛經過戰爭，一路之上，目睹那田園荒蕪、村舍破敗的慘狀，陶淵明心情沉重，猶如重負在肩。

彭澤盛產魚蝦，但漁市上卻冷冷清清，幾家魚行都半掩著店門，身著單衣、袒胸露肚的夥計們愁眉苦臉地擠坐在門口，望著天空出神。其他店鋪的生意也很蕭條，街上行人稀少，只有陶淵明主僕兩人騎的快馬踏在青石板街道發出的馬蹄聲，才引起人們的注意。縣衙設在南城的一條街上，也許是太貧窮了吧，沒有盛大的歡迎新縣令的儀式，只有幾個衣著破舊的書吏在大門外迎接。

陶淵明上任後的第一件事就是察訪民情。這天，他用過早餐，便身著便服，帶著陶青，從縣衙角門走出，直奔附近鄉村。約莫走了三里路，便見沿河一個百來戶人家的村莊呈現在眼前。村莊裡茅舍簡陋，籬笆前有幾個衣衫襤褸的老人席地而坐，一個個面黃肌瘦；幾條黃犬望見生人，有氣無力地吠了幾聲，便懶洋洋地走開。

陶淵明走近一個村民，親切地問：「這裡是什麼地方，為何如此荒涼？」

村民睜開昏花的眼，仔細端詳站在面前問話的客人，見無惡意，嘆了口氣說：「敝處彭家嶺，原本盛產魚蝦，日子過得不錯，現在連年戰爭，兵荒馬亂，青壯勞力有的被拉去當兵，有的逃走他鄉，只留下老弱病殘無人管，等天老爺收走啊！」

「里正（鄉村基層官名）呢？他們為什麼不管？」陶淵明氣憤地問。

「里正？」幾個村民同時哼了一聲，「飽人哪知餓人飢，他們餐餐有魚有肉，哪管百姓死活？」

「那你們為什麼不到縣衙去告他？」

「告？告有什麼用，兵荒馬亂的，告到哪裡去，縣太爺有什麼辦法？」

另一個村民插嘴說：「聽說縣太爺調走了，新來的知縣也不見得管得了這事！」

主僕兩人聽了對視一眼，搖搖頭，陶淵明清瘦的臉上呈現出無可奈何的神色。他在心中暗自語：「百姓說得對呀，生逢亂世，身為縣令的他也是無力回天啊！」

告別村民，他返回縣衙。一路之上，他的心上像壓著一塊石頭那樣沉重，不斷地長吁短嘆。誰知剛回到縣衙，師爺又向他稟報了一件煩心的事：按照這裡的規矩，新知縣上任，必須向頂頭上司郡守獻一筆厚禮，今後一切公事便較為順手，否則必會有無窮的麻煩。陶淵明聽了師爺的稟報，雙眉一揚，眼中噴火，臉漲得通紅，厲聲答道：「不行，本縣每月的俸祿只有五斗米，哪有重禮相送？！」

「老爺，不要著急，此禮可以從庫銀中開支。」師爺悄悄地給老爺出主意。

「更不行！」陶淵明大喝一聲，「這是百姓的血汗，我怎能為了頭上的烏紗帽，拿著這筆錢去逢迎討好上司？」

師爺碰了釘子，只好羞慚地退下。

這一夜，陶淵明躺在床上，翻來覆去睡不著覺，眼前晃動著一幅又一幅畫面：一會兒是東晉軍隊與叛軍陣前激戰，血肉橫飛的場面；一會兒是彭家嶺幾個面黃肌瘦、衣衫襤褸的村民在向自己敘談；一會兒又是郡守猙獰的笑臉……剎那間，一股熱流從心頭上湧，湧到了眼眶中，更是熱氣騰騰，忍不住在心中喃喃自語：「讀聖賢書，應該用於百姓，為天下蒼生造福，然而現在自己雙手空空，怎能為國為民啊？」

一連幾天，他就是這樣在交織著矛盾與不安的氣氛中度過。幸好，師爺搬出一堆案卷，請新縣令清理，他才得以埋首於案卷中，在錯綜紛紜的事例中，分析原告、被告各自陳述的是非、曲直，讓時間一天天度過。

這一天，陶淵明正在書房裡查閱案卷，忽見師爺神色倉皇地走來：「老爺，郡裡督郵（官名）來了！」督郵是郡裡的重要官吏，經常代表郡守督察縣、鄉政務，宣達律令，兼司獄訟、捕亡等事。

「好啊！本縣清理積案，正要向他求教。」他神色泰然地說。

「老爺上任時未有送禮，在下只怕……」師爺說到這裡忍住了。

「不要緊，讓下官向他解釋！」陶淵明說完之後，便放下手中案卷，拂了拂身上袍服，便要動身。

師爺見狀，忙用手攔住：「老爺，不能這樣去見！」

「為什麼？」

「督郵是郡守派來的官吏，老爺必須穿戴整齊，用下屬之禮去拜謁！」師爺說。

師爺的話，一下子激怒了這個剛正不阿的縣太爺，他的自尊心受到嚴重的挑戰。此刻，他雙眉微揚，臉上通紅，嘴唇不停地抖動，上任以來這些天所碰到的種種不愉快之事，一下子又在眼前晃現，心中不斷地在想：既然自己已無力解決百姓的痛苦，又何必坐在這把交椅上，還要看這些世俗官吏們的眼色行事，不如乾脆回家去務農吧！想到這裡，他把手在桌上使勁一拍，氣憤地說：「不幹了，我豈能為五斗米俸祿，向這些貪官污吏折腰！」說完，他回到案前，凝思了一會兒，提筆寫下一首《歸去來辭》，以表明自己回歸的心意。

辭中說：「富貴非吾願，帝鄉不可期，懷良辰以孤往，或植杖而耘軒，登東皋以舒嘯，臨清流而賦詩。」

辭意非常明顯，是說富貴不是我的本意，仙境也不可期及，只盼望有個好天氣，以便孤往獨遊，或植杖耘軒，登上東面田邊高地，或舒氣長嘯，在清水邊賦詩詠志。

寫完這首辭，陶淵明擲筆於地，便掛印棄官，帶著陶青坦然離開彭澤，回到家鄉柴桑。從此，他一面參與農事做農人，一面不斷地根據自己在農村勞動期間的所見、所聞、所感，創作出許多清新自然、意境深遠、膾炙人口的田園詩歌，成為歷史上一位著名的田園詩人。

陶淵明「不為五斗米折腰」的行為，與東晉官場阿諛奉承、溜鬚拍馬的黑暗形象形成強烈對比，反映出了他剛毅正直的性格和不同流合污的高尚情操。在當時的社會背景下，這是非常難能可貴的。陶淵明棄官歸隱，安居田園，躬耕自給，沒有剛正不阿、淡泊名利的高尚道德修養，是做不到這一點的。

克勤克儉

【名言】

克勤於邦，克儉於家。

——《大禹謨》

【要義】

意思是能勤勞於國事，能節儉於家事。成語「克勤克儉」即源於此。

【故事】

張儉是遼朝統和十四年（九九六年）的進士。當時遼朝（契丹人所建）科舉取士的規模很小，取士的名額也很少，而且主要是為漢人而開設，其目的在於籠絡漢人中一批有學問的人參政，以鞏固契丹族的統治地位。張儉中進士後，即被調到大同做節度使的幕僚。他為人端正誠實，不尚修飾，生活儉樸，學識廣博，很受朝廷器重。

一次，遼聖宗耶律隆緒外出巡獵雲中（今山西大同），按照慣例，凡是皇帝巡幸所經過的地方，地方官都要有所奉獻。雲中節度使拜見聖宗時說：「臣管轄的境地，沒有什麼好的土特產奉獻，只有幕僚張儉堪稱國寶，臣願意將他貢獻給皇上。」

遼聖宗是遼代歷史上一位很有名氣的皇帝，他在繼承父業的基礎上，勇於開拓，大膽改革。此時正需要有用之才，加上前幾天他曾夢見有四個人在他身旁侍立，召見張儉時，見他容貌、舉止都像夢中所見，心中甚喜。及至詢問當今政務時，張儉從容鎮定、滔滔不絕地一口氣講了三十條意見，條條都針砭（砭音ㄅㄧㄢ，石針）時弊，極其中肯。聖宗聽得心花怒放，大加讚賞，當即帶他回朝。不久，張儉即升任為同知樞密院事，後又調任武定軍節度使，移鎮大同。太平六年（一〇二六年），入中京為南院樞密使、左丞相，加封為韓王。

太平十一年，遼聖宗出巡大福河北部，病死於行宮。張儉接受遺詔，輔立太子耶律宗真，是為興宗，因功拜為太師、中書令，並被尊稱為尚父。

張儉在遼朝為官幾十年，位尊權重，但他卻清正廉明，從不謀一己之私利。家中生活異常儉樸，平常穿的大多是粗綢素帛製作的衣服，吃的是粗茶淡飯，每月剩餘的俸銀都用來周濟親朋故舊。當時的社會風氣崇尚奢侈，一些王公、貴族都是肥馬輕裘，一擲千金，府中廣蓄姬妾，到處是絲竹之聲。為了抵制這種奢侈之風，以儉養德，每當寒冬來臨時，張儉的身上總是穿一件破舊的衣袍。

遼興宗雖屬契丹族，卻是一位受中原文化影響很深的皇帝。他不僅能詩善畫，也很能善待老臣。每次見到張儉時，見他穿的總是一件破舊的衣袍，心中既感到詫異，也有些憐惜。

一天，張儉來到便殿草擬詔諭，穿著依舊。這位年輕皇帝童心大起，便秘密指使身旁的內侍，趁他不注意時，用火夾子將那件破袍上燒了個小洞作為記號。誰知過後不知多少天，張儉穿的依然是這件破舊的衣袍。興宗在罷朝之後，特地將他留下，指著那件破袍問：「愛卿為什麼身上老是穿這件破袍？」

其實，袍上被內侍燒了一個小洞，張儉完全知道，皇帝今天垂詢的憐惜之情，他也領悟得到。為了開導皇上，盡快制止朝中盛行的奢侈之風，張儉重重地叩著頭，用極其誠摯的語氣說：「臣穿這件衣袍，已經三十年了！」

熟悉皇帝習性的張儉最清楚不過，自己說這話的深意，生性聰明的皇帝一定能領悟得到。果然，此言一出，皇上的眼睛裡就浮起了笑意。爾後，笑意慢慢消失，換上一臉凝重的神色。

退朝後，皇帝下了兩道手詔：一道是命令全國官民都要崇尚儉樸，反對奢侈。一道是命令中書令張儉立刻進宮，到皇室去領取衣帛和財物。詔旨還特別加了一句：可以隨意領取，不受數目限制。

張儉在府中接到詔旨，為皇帝的虛心納諫、從善如流以及憐惜老臣的君恩聖德感動得老淚縱橫。叩頭謝恩之後，隨著內侍進宮來到皇室庫房，隨意領取了三匹布帛，便返回府衙，以表示他對皇上施恩的尊重。張儉這種甘受清貧的美德，再一次為時人所傳頌。

重熙十五年（一〇四六年），年已八旬的張儉退休在家。這一年，適逢宋朝使臣送來書信，信中有一些言詞有失禮儀，朝中一些大臣都主張派重兵逼近宋境，興宗也準備御駕親征。臨行前夕，皇上駕臨張儉的家中，徵求和聽取他對此行的看法。

皇上親臨臣下府中，是對一個臣子的無上殊榮。掌管御膳的官吏先期來到，為皇上供設食品，卻遭到他的拒絕。皇上駕臨後，先聽取張儉對征宋的意見，誰知這位老臣卻反對這一行動。他跪在地上說：「用兵乃是凶事，不到萬不得已不能進行。方今天下承平已久，極願安享太平，如果因一些失禮的言詞而斷然發動戰爭，不論勝負都是勞民傷財之舉。」

聰明的興宗皇帝聽了恍然大悟，忙虛心求教：「依老卿之見，究竟該如何處理這件失禮之事呢？」

「依臣之見，只須派一個使臣去宋進行責問即可！」

君臣兩人對征宋之舉很快取得了共識。商談良久，興宗已感腹中飢餓，張家當即擺開桌椅，奉上幾碗清淡的蔬菜和乾飯。對久吃肉食已覺油膩的皇帝，這一餐粗茶淡飯吃得津津有味，盡興而歸。反是御膳房官吏因皇上未用御膳而深怕受責，在府外捏著一把冷汗，及至聽說皇上對張家的飯食吃得很滿意，才大放寬心。

此後，興宗接連幾次來張儉家吃飯，並不時把帶來的御用飲食、用具和其他物品全部賜給張儉。

重熙二十二年（一〇三〇年），張儉無疾而終，享年九十一歲。死後，遵從張儉的遺囑，喪事從簡，安葬於他的家鄉河北宛平縣。

儉以養德，張儉一生儉樸，歷仕遼聖宗、興宗兩朝，被世人稱為賢相。

滿招損，謙受益

【名言】

滿招損，謙受益，時乃天道。

——《大禹謨》

【要義】

時，音「是」，這是。天道，自然規律。

這是伯益勸說大禹的話。意思是：驕傲自滿會招來損害，謙虛會使人得到好處。這也就是所謂的「謙虛使人進步，驕傲使人落後」。

【故事】

苻堅是十六國時前秦王朝一位有作為的皇帝，自稱大秦天王。王猛是他最親信的大臣，苻堅對王猛言聽計從，但是他卻沒有聽從王猛臨死前留下的忠告。王猛認為前秦的敵手是鮮卑人和羌人，但是苻堅卻十分信任從前燕來投奔他的鮮卑貴族慕容垂和羌族貴族姚萇（萇音ㄔㄤˊ）。王猛勸他不要進攻東晉，但苻堅卻把東晉當作唯一的敵人，非把它消滅不可。到了東晉太元七年（三八二年），他認為準備成熟，就下定決心大舉進攻東晉。

這一年十月，苻堅在皇宮裡的太極殿召集大臣商量。苻堅說：「我繼承王位到現在已快三十年，各地的勢力差不多都平定了。只有盤踞在東南的晉國，還不肯降服。現在，我們有九十七萬精兵。我打算親自帶領去討伐晉國，你們認為怎麼樣？」大臣們紛紛表示反對。

大臣權輿說：「晉國雖然弱小，但是他們的君王沒犯什麼大錯，手下還有像謝安、桓沖那樣的文武大臣，團結一致。我們要大舉攻晉，恐怕還不是時候。」苻堅聽了權輿的話，拉長了臉很不高興。另一名武將石越說：「晉國有長江作為天然屏障，再加上百姓都想抵抗，只怕我們不能夠取勝。」

苻堅更加生氣，他大聲說：「哼，長江天險有什麼了不起？我們的軍隊那麼多，大家把手裡的馬鞭投到長江，也可以把長江的水堵塞。他們還能拿什麼來做屏障？」大夥們議論了半天，沒有一個結果。苻堅不耐煩地說：「你們都走吧。還是讓我自己來決斷。」大臣們看見苻堅發火，只好一個個退出宮殿。最後，只有他弟弟苻融還留在殿上。

苻堅把苻融拉到他的身邊，說：「自古以來，決定國家大計的，總是靠一兩個人。今天，大家議論紛紛，沒有商議出個結果來。這件事還是咱們兩人來決定吧。」苻融心情沉重地回答說：「我看攻打晉國確有許多困難。再說，我軍連年打仗，兵士們也已經精疲力乏，不想再打。今天這些反對出兵的，都是陛下的忠臣。希望陛下採納他們的意見。」

苻堅沒料到苻融也會反對他，馬上沉下臉來，說：「連你也會說出這種喪氣的話來，真教人失望。我有精兵百萬，兵器、糧草堆積如山，要打下晉國這樣的敵人，哪有不勝的道理？」

苻融看見苻堅這樣一意孤行，急得快要哭起來。他苦苦勸告苻堅說：「現在要打晉國，不但沒有必勝的希望，而且京城裡還有許許多多鮮卑人、羌人、羯人。陛下離開長安遠征，要是他們起來叛亂，後悔就來不及了。陛下難道忘記王猛臨終前講的一番話嗎？」但苻堅還是不聽。自此以後，還有不少大臣勸苻堅不要攻晉，但苻堅一概不予理睬。

有一次，京兆尹慕容垂進宮求見，苻堅要慕容垂談談他的看法。慕容垂說：「強國吃掉弱國，大國併吞小國，這是自然的道理。像陛下這樣英明的君王，手下有雄師百萬，滿朝是良將謀士，要滅掉小小晉國，不在話下。陛下只要自己拿定主意就是，何必去徵求許多人的意見呢？」苻堅聽了慕容垂的話，高興得眉開眼笑，說：「看來，能和我一起平定天下的，只有你啦！」說著，馬上吩咐左右拿五百匹綢緞賞給慕容垂。

經過慕容垂的慫恿，苻堅興奮得連晚上都睡不著覺。他的妃子張夫人聽到朝廷內外很多人不贊成出兵，也好言好語勸他。苻堅說：「打仗的事，妳們女人家別管。」苻堅最寵愛的小兒子苻銑（銑音ㄒㄧㄢˇ），也勸苻堅說：「皇叔（指苻融）是最忠於陛下的，陛下為什麼不聽他的話？」苻堅冷淡地說：「天下大事，孩子別亂插嘴。」

苻堅拒絕了大臣和親人的勸說，決心孤注一擲，進攻東晉。他派苻融、慕容垂充當先鋒，又把姚萇封為龍驤將軍，指揮益州、梁州的人馬，準備出兵攻晉。慕容垂的兩個姪兒偷偷地跟慕容垂說：「皇上驕傲得過分了。看來，這次戰爭倒是我們恢復燕國的好機會呢！」

東晉太元八年（三八三年），苻堅親自帶領八十七萬大軍從長安出發。向南的大路上，煙塵滾滾，步兵、騎兵，再加上車輛、馬匹、輜重，隊伍浩浩蕩蕩，幾乎拉了千餘里長。

過了一個月，苻堅主力到達項城（今河南沈丘南），益州（今四川地區）的水軍也沿江順流東下，黃河北邊來的人馬也到了彭城（今江蘇徐州），從東到西一萬多里長的戰線上，前秦水陸兩路進軍，向江南逼近。

這一回，苻堅率領百萬大軍進攻東晉，宰相謝安決定自己坐鎮建康，派弟弟謝石擔任征討大都督，謝玄擔任前鋒都督，帶領八萬軍隊前往江北抗擊秦兵，又派將軍胡彬帶領水軍五千到壽陽（今安徽壽縣）去配合作戰。出發前一天的晚上，他把謝石、謝玄等將領都召集到自己家裡，把每個人的任務一件件、一樁樁交代得很清楚。大家看到謝安這樣鎮定自若，也增強了信心，高高興興地回到軍營去了。

謝安派出的將領胡彬，率領水軍沿著淮河向壽陽進發。在路上，他得知壽陽已經被前秦的前鋒苻融攻破。胡彬只好退到硤石（硤音ㄒㄧㄚˊ，今安徽鳳台西南），紮下營來，等待謝石、謝玄的大軍會合。

苻融佔領壽陽以後，又派部將梁成率領五萬人馬進攻洛澗（在今安徽淮南東），截斷了胡彬水軍的後路。晉軍被圍困起來，軍糧一天天少下去，情況十分危急。

胡彬派出兵士偷偷送信給謝石告急，說：「現在敵人來勢很猛，我軍糧食快完，恐怕沒法跟大軍會合了。」送信的晉兵偷越秦軍陣地的時候，被秦兵捉住。這封告急信落在苻融手裡，苻融立刻派快馬到項城去告訴苻堅。

苻堅一連得到秦軍前鋒的捷報，更加驕傲起來。他把大軍留在項城，親自率領八千名騎兵趕到壽陽，恨不得一口氣把晉軍吞掉。

他到了壽陽，跟苻融一商量，認為晉軍已經不堪一擊，就派了被俘虜的朱序到晉軍大營去勸降。朱序被俘以後，雖然被苻堅收用，在秦國當個尚書，但是心裡還是向著晉朝。他到晉營見了謝石、謝玄，像見了親人一樣高興，不但沒按照苻堅的囑咐勸降，反而向謝石提供了秦軍的情報。他說：「這次苻堅發動了百萬人馬攻打晉國，如果全部人馬一集中，恐怕晉軍沒法抵擋。現在趁他們人馬還沒到齊的時候，你們趕快發起進攻，打敗他們的前鋒，挫傷他們的士氣，如此就可以擊潰秦軍了。」朱序走了以後，謝石再三考慮，認為壽陽的秦軍兵力很強，沒有把握打勝，還是堅守為宜。謝安的兒子謝琰勸說謝石聽朱序的話，盡快出兵。

謝石、謝玄經過一番商議，就派北府兵的名將劉牢之率領精兵五千人，先對洛澗的秦軍發起突襲。這支北府兵果然名不虛傳，他們像插了翅的猛虎一樣，強渡洛澗，個個勇猛非凡。守在洛澗的秦軍不是北府兵的對手，勉強抵擋一陣，敗了下來，秦將梁成被晉軍殺了。秦兵爭先恐後渡過淮河逃走，大部分掉入水裡淹死。

洛澗大捷，大大鼓舞了晉軍的士氣。謝石、謝玄一面命令劉牢之繼續援救硤石，一面親自指揮大軍，乘勝前進，直到淝水（今淝河，在安徽壽縣南）東岸，把人馬駐紮在八公山邊，和駐紮壽陽的秦軍隔岸對峙。

苻堅派出朱序勸降以後，正在洋洋得意，等待晉軍的投降，突然聽到洛澗失守，彷彿頭上挨了一記悶棍，有點沉不住氣。他要苻融陪著他到壽陽城樓上去看看對岸形勢。

苻堅在城樓上一眼望去，只見對岸晉軍一座座的營帳排列得整整齊齊，手持刀槍的晉兵來往巡邏，陣容嚴整威武。再往遠處看，對面八公山上，隱隱約約不知道有多少晉兵。其實，八公山上並沒有晉兵，不過是苻堅心虛眼花，把八公山上的草木都看成是晉兵了（這就是成語「草木皆兵」的由來）。

苻堅有點害怕了，他轉過頭對苻融說：「這確實是強大的敵人啊！怎麼能說他們弱呢？」打那以後，苻堅命令秦兵嚴密防守。晉軍沒能渡過淝水，謝石、謝玄十分著急。如果拖延下去，只怕各路秦軍到齊，對晉軍不利。

謝玄派人給苻堅送去一封信，說：「你們帶了大軍深入我晉朝的領地，現在卻在淝水邊擺下陣勢，按兵不動，這難道不是想打仗嗎？如果你們能把陣地稍稍往後撤一點，騰出一塊地方，讓我軍渡過淝水，雙方就在戰場上比一比輸贏，這才算有膽量呢！」苻堅一想，要是不答應後撤，不是承認我們害怕晉軍了嗎？他馬上召集秦軍將領，說：「他們要我們讓出一塊陣地，我們就撤吧。等他們正在渡河的時候，我們派騎兵衝上去，保管能把他們消滅。」謝石、謝玄得到苻堅答應後撤的回音，迅速整好人馬，準備渡河進攻。

約定渡河的時間到了，苻堅一聲令下，苻融就指揮秦軍後撤。他本來想撤出一個陣地就回過頭來進攻。沒料到秦兵一半由於厭惡戰爭，一半由於害怕晉軍，一聽到後撤的命令，撒腿就跑，再也不想停下來了。

謝玄率領八千多騎兵，趁勢飛快地渡過淝水，向秦軍猛攻。

這時候，朱序在秦軍陣後叫喊起來：「秦兵敗了！秦兵敗了！」後面的兵士不知道前面的情況，只看到前面的秦軍往後奔跑，也轉過身跟著邊叫嚷，邊逃跑。

苻融氣急敗壞地揮舞著劍，想壓住陣腳，但秦兵像潮水般地往後湧來，哪裡壓得住。一群亂兵衝來，把苻融的戰馬衝倒了。

苻融掙扎著想起來，晉兵已經從後面趕上來，把他一刀砍了。主將一死，秦兵更是像脫了韁的驚馬一樣，四處亂奔。

陣後的苻堅看到情況不妙，只好騎上一匹馬拚命逃走。不料一支流箭飛來，正好射中他的肩膀。苻堅顧不得疼痛，繼續催馬狂奔，一直逃到淮北才喘了口氣。

晉軍乘勝追擊，秦兵沒命地潰逃，被擠倒的、踩死的兵士滿山遍野都是。那些逃脫的兵士，一路上聽到風聲和空中的鶴鳴聲，也以為是東晉追兵的喊殺聲（這就是成語「風聲鶴唳」的由來。唳，意思是鶴鳴聲），嚇得不敢停下來。

經過這場大戰，強大的前秦大喪元氣。苻堅逃到洛陽，收拾殘兵敗將，只剩下十幾萬。但是慕容垂的兵力卻絲毫沒受到損失。不出王猛所料，鮮卑族的慕容垂和羌族的姚萇終於背叛了前秦，各自建立了新的國家——後燕和後秦，苻堅本人也被姚萇所殺。

允執厥中

【名言】

人心惟危，道心惟微，惟精惟一，允執厥中。

——《大禹謨》

【要義】

微，精微。精，精研。一，專一。人心總是畏懼而難安的，「道」的宗旨總是隱微而難明的，只有精研專一，掌握中庸之道，不偏執，才能治理好天下。相傳這是帝舜任命大禹統率百官時告誡的話。「允執厥中」四字道出了「中庸之道」的精髓。

《中庸》是儒家的重要經典「四書五經」之一，它通篇的主旨是論中和，認為中和是性，中和是道，中和是宇宙的本來狀態。人的可靠就在於能中和，政教的作用就在於致中和。故

《中庸》開篇便道：「天命之謂性，率性之謂道，修道之謂教。」這必修之道是什麼呢？《中庸》的作者寫道：「喜怒哀樂之未發謂之中，發而皆中本謂之和。中也者，天下之大本也；和也者，天下之達道也。」中為本，和為道，合而言之「中和」就是道，而且是達道。對當政者來講，就是使用權力要適度。

【故事】

「中庸之道」講究中和的立場，一個人在理想追求和現實之間有一個「限度」和「分寸」，而對它的把握卻在人自身。誠如《禮記》所說：「有驕傲但不可助長，有欲望但不可放縱，把握志向但不能過於自滿和執著，追求喜樂但不能夠荒淫奢侈。」此乃所謂的「中庸」。

「中庸」是中國古人的處世之道，也是中國古代為政者的行為準則。《禮記》說：「政者，正也，君為正，則百姓從政矣。」但什麼是「正」呢？它的標準就是中和的「度」，左和右都不可取，超出與不足都是缺陷。這或許是淺顯的解釋，實則卻包含著關於政治的深奧智慧。

權力甚至比金錢、財富和女色更富於吸引力，這或許有些危言聳聽，但某種程度上卻也是實情。對權力的追逐，曾釀成了無數悲劇，也使它成為最敏感的話題。追逐權力，可說是人之常情，但追逐權力也有高下尊卑的層次之分。

中國古代的為政者，是深知這其中道理的。把握對權力佔有的分寸實在需要極高的智慧。

有人提出了用權的三個原則，即權不損人，權不越法，權不多用。這是說，運用權力要講究中庸之道，要富於辯證的靈活性。損害別人，最終會損害自己；權力的無限膨脹，最終會使人淪為權力的奴僕；權力的多用、濫用，會導致難以防範的禍害。

戰國時代，秦國從莊襄王即位到嬴政二十二歲親理政務，其間十二年，呂不韋一直是秦相，把持著秦國的軍政大權。一開始，呂不韋尚知為臣之道。他不獨攬大權，極為明智和富有見地啟用昭襄王以來的老臣宿將，使當時秦政權穩定，使統治集團內部的關係協調。權力的腐蝕性是不知不覺的。後來呂不韋漸漸專政，他自己有「家僮萬人」，封地三處，即藍田十二縣、河南洛陽十萬戶、河間十城。

權力欲的不斷膨脹使呂不韋很難有所捨棄。秦王嬴政二十一歲時，再過一年就可以正式理政了。這時，面對抱負宏大、富有雄才大略的秦王，呂不韋未能收斂鋒芒，急流勇退，恰恰相反，他對權力的運用超過了限度。他拋出其主編的《呂氏春秋》於咸陽市門，懸賞說：「誰能增改一字，賞千金。」由於他的權力太大，沒有人敢更改。他以《呂氏春秋》來向秦王示威，想規範秦王按照其治國方略而行事。

在一次兵變後，秦王政軟禁了太后，並罷了呂不韋的相位，可以說，這是呂氏所招致的必然結果。一年後，秦王致信呂不韋，信中說道：「你對秦國有什麼功勞？秦國要封你河南十萬戶！你與秦國有什麼親屬關係？你自稱仲父！你和你的家屬還是回到蜀地去吧！」

呂不韋預感到前途暗淡，遂飲毒酒而死。

任何時候，都不能否認權力的腐蝕作用。真正的為政者是不應為權力所迷的。權力可以助人實現抱負理想，但權力也可以招致禍端。歷代正直的臣相在這方面表現得是極有智慧的。如西漢張良的功成身退；三國諸葛亮街亭失誤後，雖自掌朝柄卻自貶三等；羊祜的兩次拒絕升遷等。這些都是深知權力奧秘的智慧之舉。反之，那些為後人恥罵的權臣，常是追逐權力不擇手段，眼光短淺，私欲膨脹。縱觀歷史，他們權傾一時，但也絕少善終者。玩弄權術，最終為權欲所害。如唐朝李林甫葬禮未行，已被貶為庶人；宋朝蔡京被兒子所害，被貶海南，一路受人唾罵；明朝魏忠賢害怕更慘的結局，畏罪自殺……權力使中國歷史上出現了為數眾多的忠臣良相，也產生了不在少數的奸佞之徒。這些，都足以成為後人的借鑑。

捨己從人

【名言】

捨己從人，不虐無告，不廢困窮。

——《大禹謨》

【要義】

無告，無所依靠的人。這句名言的意思是：捨棄自己的錯誤，接受別人的正確意見，不虐待鰥寡孤獨的人，不廢棄困苦貧窮的人。這是帝舜在和大禹談話時，稱頌帝堯功德的話。

【故事】

鄭國是春秋初期的強國。鄭莊公是奠定霸業的明主，他的名字叫寤（寤音ㄨˋ，意思是腳先頭後逆著生）。據《左傳》記載，因為他是倒著出生的，母親武姜備受折磨，因此很討厭這個兒子。

不久，武姜又生了個小兒子——段。段長得一表人才，而且武功高強。武姜很偏愛他，一心想由段繼承王位，可是只爭到一個小小的共城。

鄭莊公正式登上王位後，答應母親的請求，把一處重要的城邑——京城封給弟弟段。段又侵佔了鄭國西北邊境的一些地方和鄢、廩延等好幾個城邑，一步步發展軍力，招練兵馬；同時，段與母親約好日期，請她做內應，想一舉攻入鄭城，搶奪王位。

鄭莊公看在眼裡，卻始終不吭聲。他下面的臣子忍不住了，勸他出兵，鄭莊公搖搖頭說：「段是我的親弟弟，母親又寵他。他雖佔了一些土地，但也沒有公開造反。如果我出兵，母親一定不高興，人民也會嫌我氣量小。」他的臣子當場獻上一計，於是……

第二天，莊公造了一個假命令，說自己要去洛陽朝拜周天子，要到周朝朝廷去。武姜一聽到這個消息大為高興，心想：這是造反的好機會。她馬上寫了一封信派人送到京城，準備約小兒子段在五月出兵。信差剛出門，半路就被莊公手下攔截，捉住殺了。莊公再派人冒充信差送信給段，並且向段要了回信。這下子，莊公拿到造反的證據了。段仍被蒙在鼓裡，在接到信後，立刻到衛國去借兵，親率所有的軍隊出發。誰知剛出城門沒有多久，鄭莊公就派人佔領京城，段兵敗自殺身亡。鄭莊公在段身上找出母親武姜約段起兵的信以及段的回信，一同封好，送給他母親看，並把母親送到潁城居住，很氣憤地向她發誓：「我不到黃泉，一輩子再也不見妳這個壞母親！」話說完了，心中卻有點後悔，可是君主說過的話又不能不算數啊。

有個名叫潁考叔的孝子，知道這件事後，抓了幾隻貓頭鷹，假裝說是獻野味去求見莊公。潁考叔說：「這種鳥兒叫貓頭鷹，小的時候母鳥餵牠吃東西，長大後，牠反吃掉母親，這種鳥太不孝順，因此我抓來給你吃。」莊公知道他是存心諷刺自己，默默不說話。

此時，廚子送上來一大盤香噴噴的羊肉，鄭莊公叫人割一塊給潁考叔。哪知他不吃，卻去挑最香嫩的部分包好，藏在袖子裡。鄭莊公問他為什麼這樣做，潁考叔回答：「我家很窮苦，每天只能供老母親吃些粗食，她一輩子沒嘗過這麼好吃的肉，我一想到這一點，實在嚥不下去。我想把肉帶回家，熬一碗肉湯，讓母親打個牙祭。」

鄭莊公慚愧地低下頭，說：「你真孝順。」

潁考叔趁機說：「您也有母親啊！」

莊公就把母親偏心、弟弟造反的事講了一遍，然後說：「我現在很後悔，可是我已發過誓，不到黃泉，不見母親。君子一言既出，駟馬難追，尤其我是一國的君主，怎能說話不算數呢？」

潁考叔想了一下，告訴他一個辦法：「您在地下挖個洞，造間房子，把您的母親接去住，然後就可以到地下去見母親了！」

於是，莊公派了五百名壯士，在地下挖了十多丈深，建了一座新房子，並準備一個長梯子與地面相通。然後潁考叔先去見武姜，告訴她莊公悔恨之意，迎武姜住進地下房中。莊公接著從梯而下，拜倒在地，向母親賠罪。武姜扶起了莊公。母子兩人抱頭痛哭，互相攙扶，歡歡喜喜上來，莊公扶著母親上車，並且自己駕車。人民看到太后、國君一起入宮，紛紛讚揚莊公孝順。

任賢勿貳

【名言】

任賢勿貳，去邪勿疑。

——《大禹謨》

【要義】

貳，有二心，意指懷疑。疑，懷疑、猶豫。這句話的意思是：任用賢人不要有二心，摒去奸邪不要猶豫。這是伯益告誡大禹的話。

【故事】

唐朝名相魏徵以敢於強諫、直諫著稱於世。這一方面說明魏徵為人剛直不阿、無私無畏；

另一方面也說明魏徵適逢明主。如果唐太宗李世民是個剛愎自用、驕橫跋扈之君，恐怕魏徵早已身首異處、暴屍荒野了。他之所以成為唐太宗的股肱之臣，成為太宗的一面鏡子，在很大程度上是由於唐太宗李世民心胸寬廣、豁達大度且從諫如流。但唐太宗之前的隋文帝楊堅卻心胸狹窄，妒賢嫉能。

北周大象二年（五八〇年），大官僚楊堅在徐州總管、清河郡公楊素的讒言下，誅殺滎州鎮守宇文胄，削平反叛尉遲迥，為自己奪權篡位鋪平了道路。第二年，楊堅迫使周靜帝把「皇位」禪讓給他，改國號為隋，是為隋文帝。

楊堅一方面致力於鞏固北部邊防，以阻止突厥南下；一方面積極準備，伺機伐陳，統一中國。開皇五年（五八五年），楊素為實現楊堅這一部署，以信州為基地，訓練水師，趕造戰艦，建立了一支強大的水軍。開皇八年（五八八年），隋文帝兵分八路正式發動了伐陳的戰爭。楊素在這場戰爭中，出色地統領水軍英勇作戰，完成了楊堅賦予的使命，活捉陳朝皇帝陳後主，陳朝滅亡，隋朝的統一宣告完成。

由於楊素勞苦功高，隋文帝論功行賞，楊素一躍而居宰相之位。

為鞏固隋朝的統治，楊素又於開皇十年（五九〇年），統率大軍平定了江南大地主的叛亂。這次平叛，前後不到兩個月的時間，結束了近三百年的南北對峙的局面，實現了全國的統一。開皇十九年（五九九年）二月，楊素又奉命率軍北征突厥，雙方在長城下展開激烈的戰鬥，楊素大軍又大敗突厥可汗，突厥首領跟隨隋朝使臣南下，投降了隋朝。

楊素在輔佐隋文帝建立基業的過程中，飛渡長江，滅陳功高；兵掃江南，爭取統一；馳騁塞外，奪取關隘。實可謂功勳卓著。

楊素自開皇九年（五八九年）被任命為宰相，居相位達十七年之久。按照楊素的才華和膽識、謀略，他本應在政治上有所建樹，但是，由於隋文帝楊堅心胸狹窄，猜忌心極重，屢屢誅殺有功之臣，開國的元勳幾乎被誅殺殆盡，楊素為了保護自己，也只得處處迎合隋文帝。所以在他為相的十七年中，雖然南征北剿，東殺西闖，立下汗馬功勞，但為迎合時主，也確實幹了不少壞事。

如開皇十三年（五九三年），隋文帝下詔在岐州北部營建仁壽宮，命楊素監造。楊素為討好文帝和獨孤皇后，徵調大量民夫劈山填谷，在宮殿旁邊還修了許多樓台亭榭。在施工的過程中，他監役十分嚴酷，民夫疲病倒斃的多達萬人。文帝在察看工程進度時，在工地上看到許多民夫屍體，很氣憤地說：「楊素竭盡民力修建離宮，這是為我結怨於天下。」楊素聽後，深感惶恐不安，怕因此而獲罪，性命不保。於是，他偷偷去見獨孤皇后，對她說：「帝王按制度應有離宮別館。如今天下太平，修築一座離宮，也算不上什麼浪費。」

第二天，文帝召見楊素，本想責罰他，不料，獨孤皇后為楊素開脫說：「楊素深知你我夫婦年老，沒有什麼可娛樂之處，苦心為我們修了這座離宮，這是對我們盡的忠心呀！」文帝平素對獨孤皇后非常敬重，經她這麼一說，立刻改變初衷，賜楊素錢百萬，錦絹三千。楊素就這樣化險為夷，安然度過了難關。

開皇十九年（五九九年），重臣高熲被罷免，楊素在朝臣中位居第一。第二年，文帝和皇后想廢黜太子楊勇，立晉王楊廣為太子。楊素看出帝后的心思，便迎合帝后的意願，千方百計在帝后面前詆毀楊勇，盛譽楊廣。此舉正中文帝下懷，遂更堅定了廢楊勇、立楊廣的決心。楊廣被立為太子後，楊素又迎合太子，殺了許多朝廷有識之臣。

隨著楊素日漸隆重的權勢，心胸狹窄的文帝感到了一種壓力，於是想方設法剝奪楊素的實權。楊素預感到自己有危險，便加緊投靠楊廣。仁壽四年（六〇四年），楊素與楊廣密謀，殺死楊堅，幫助楊廣即位，他就是隋煬帝。

隋煬帝的即位，標誌著楊素政治生涯的結束。隋煬帝一向自恃才高八斗，剛愎自用，尤其是猜忌心重，他雖然表面上對楊素格外尊重，但內心妒忌很重。在他繼位的第二年，就改任楊素為司徒，封楚公，剝奪了他的實權。楊素心知隋煬帝心思，遂一病不起，不幾天就死去了。

勿違道，勿背百姓

【名言】

罔違道以干百姓之譽，罔咈百姓以從己之欲。

——《大禹謨》

【要義】

罔，不要。干，追求。咈（咈音ㄈㄨˊ），違背。

這句話的意思是：不要違背天道（只循從人情）來求得百姓的稱譽，不要冒犯人心來放縱自己的欲望。

【故事】

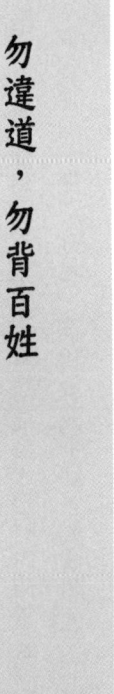

漢光武帝在鎮壓了綠林、赤眉兩支農民起義軍之後，接著又消滅了甘肅和四川的兩個割據政權，統一了中國。漢光武帝把洛陽作為都城，史稱「東漢」。

漢光武帝懂得打天下雖然要靠武力，但治理天下還得注意法令。不過法令也只能管老百姓，要拿它去約束皇親國戚，那就難了。

比方說，漢光武帝的大姊湖陽公主就依仗兄弟做皇帝，非常驕橫，不但她愛怎麼樣就怎麼樣，連她的奴僕也不把朝廷的法令放在眼裡。

洛陽令董宣是一個硬漢子。他認為皇親國戚犯了法，應該同樣治罪。湖陽公主有一個家奴仗勢行兇殺了人，兇手躲在公主府裡不出來，董宣不能進公主府去搜查，就天天派人在公主府門口守著，只等那個兇手出來。有一天，湖陽公主坐著車馬外出，跟隨著她的正是那個殺人兇手。董宣得到消息，就親自帶衙役趕來，攔住湖陽公主的車。湖陽公主認為董宣觸犯了她的尊嚴，沉下臉來說：「好大膽的洛陽令，竟敢攔阻我的車馬！」董宣可沒有被嚇倒，他拔出寶劍往地下一劃，當面責備湖陽公主不該放縱家奴犯法殺人。他不管公主阻撓，吩咐衙役把兇手逮起來，當場就把他處決了。

這一下，差點兒把湖陽公主氣昏過去。她趕到宮裡，向光武帝哭訴董宣怎樣欺負她。光武帝聽了，十分惱怒，立刻宣召董宣進宮，吩咐內侍當著湖陽公主的面，責打董宣，想替公主消氣。董宣說：「先別打我，讓我說完了話，我情願死。」光武帝怒氣沖沖地說：「你還有什麼話可說的？」董宣說：「陛下是一位中興的皇帝，應該注重法令。現在陛下讓公主放縱奴僕殺人，還能治理天下嗎？用不著打，我自殺就是了。」說罷，他昂起頭就向柱子撞去。光武帝連忙吩咐內侍把他拉住，董宣已經撞得血流滿面了。

光武帝知道董宣說得有理，也覺得不該責打他。但是為了顧全湖陽公主的面子，要董宣給公主磕了個頭賠個禮。董宣寧願把自己的頭砍下來，怎麼也不肯磕這個頭。內侍把他的腦袋往地下摁，可是董宣用兩手使勁撐住地，挺著脖子，不讓人把他的頭摁下去。內侍知道光武帝並不想把董宣治罪，但又得給光武帝個下台階，就大聲地說：「回陛下的話，董宣的脖子太硬，摁不下去。」光武帝也只好笑了笑，下命令說：「把這個硬脖子攆出去！」

湖陽公主見漢光武帝放了董宣，心裡很氣，對光武帝說：「陛下從前做平民的時候，還收留過逃亡的和犯死罪的人，官吏不敢上咱家來搜查。現在做了天子，怎麼反而對付不了一個小小的洛陽令？」

光武帝說：「正因為我做了天子，就不能再像做平民的時候那樣蠻幹了。」

結果，光武帝不但沒治董宣的罪，還賞給他三十萬錢，獎勵他執法嚴明。董宣回到官府，把這筆錢全分給了他手下的官員。之後，董宣繼續打擊不法的豪門貴族。洛陽的土豪聽到他的名聲都嚇得發抖。人們都稱他是「臥虎」。

勿聽勿庸

【名言】

無稽之言勿聽，弗詢之謀勿庸。

——《大禹謨》

【要義】

稽，考查。詢，問。庸，用。這句話的意思是不要聽那些荒唐不可信的話，不要用那些不徵求眾人意見而只由自己專斷獨裁的謀略。

【故事】

周赧王五十三年（前二六二年），秦國的昭襄王派大將白起進攻韓國，攻佔了野王（今河南沁陽），切斷了上黨郡（今山西長治一帶）和韓國都城的聯繫，上黨形勢危急。上黨的韓軍將領不願意投降秦國，就派使者帶著地圖把上黨獻給趙國，以便用趙國的軍力來抵抗秦國的入侵。

趙孝成王派軍隊接收了上黨。當時趙國的力量還比較強大，秦國懾於趙國的威力，就暫時放棄了進攻。過了兩年，也就是周赧王五十五年（前二六〇年），秦國又派王齕（齕音ㄏㄜˊ）圍攻上黨。趙孝成王連忙派大將廉頗率領二十多萬大軍去救上黨。他們剛到長平（今山西高平西北），聽說上黨已經被秦軍佔領了，廉頗知道秦軍遠道而來，一定無法持久，於是就地駐紮下來。

王齕得寸進尺，還想向長平進攻。廉頗身經百戰，老謀深算，他審時度勢，不與氣勢洶洶的秦軍正面交鋒，命令士軍修築堡壘，深挖壕溝，堅守陣地，跟遠道而來的秦軍對峙，一來挫挫秦軍的銳氣，二來消耗秦軍的糧草，準備做長期抵抗的打算。

王齕幾次三番向趙軍挑戰，廉頗說什麼也不跟他們交戰。王齕想不出什麼法子，只好派人回報秦昭襄王：「廉頗是個富有經驗的老將，不輕易出來交戰。我軍老遠到這兒，長期下去，就怕糧草接濟不上，怎麼辦呢？」

秦昭襄王心想：如果不除去這個老傢伙，就無法打敗趙國。他就請范雎（雎音ㄐㄩ）出主意。范雎說：「要打敗趙國，必須先叫趙國把廉頗調回去。」

秦昭襄王說：「這哪辦得到呢？」

范雎說：「讓我來想個辦法吧！」范雎回去以後，苦思冥想出一條妙計——反間計，於是連忙報告秦王，讓秦王派人到趙國散播謠言。

過了幾天，趙孝成王聽到大臣們議論紛紛：

「廉頗不敢進攻，他已經被秦軍嚇破膽啦！」

「廉頗太老了，怎麼還能帶軍作戰？」

「秦國最怕的其實不是廉頗，而是趙括，……希望趙括不會出來擔任統帥……」

「秦國就是怕讓年輕力壯的趙括帶兵。廉頗不中用，眼看就快投降啦！」

他們所說的趙括，是趙國名將趙奢的兒子。他絕頂聰明，從小熟讀兵書，口才又好，談起用兵的道理來，頭頭是道。趙奢在世時，父子談論兵法，父親往往被兒子說得啞口無言。知子莫若父。趙奢知道這個兒子好高騖遠，華而不實，空有滿腹理論，只會「紙上談兵」，卻毫無實際作戰經驗，因此趙王好幾次建議委託趙括為趙國大將，趙奢都不贊成。

趙王聽信了大臣們的議論，立刻把趙括找來，問他能不能打退秦軍。趙括目中無人地說：「假如秦國派白起來，我還得考慮對付一下；如今來的是王齕，他不過是廉頗的對手。要是換上我，打敗他不在話下。」趙王聽了很高興，就拜趙括為大將，去接替廉頗。

藺相如對此很是擔憂，因為趙括只有理論知識，沒有帶兵打仗的實際經驗，派趙括去凶多吉少，就勸諫趙王說：「趙括只懂得讀父親的兵書，不會臨陣應變，不能派他做大將。」可是趙王對藺相如的勸告聽不進去。趙括的母親也向趙王上了一道奏章，請求趙王不要派她的兒子去。趙王把她召來，問她有什麼理由。趙母說：「他父親臨終的時候再三囑咐我說：『趙括這孩子把帶兵打仗看作兒戲似的，談起兵法來，就目中無人。將來大王不用他還好，如果用他為大將的話，只怕趙軍將斷送在他手裡。』所以我請求大王千萬別讓他當大將。」

「知子莫若父」，由此可見趙括真正的本領了。

但趙王卻說：「我已經決定了，妳就別管吧。」周赧王五十五年（前二六〇年），趙括領兵二十萬到了長平，請廉頗驗過兵符。廉頗就辦了移交，回邯鄲去了。

趙括統率著四十萬大軍，聲勢浩大，自以為打敗秦軍不成問題。他把廉頗規定的行之有效的軍事制度全部廢除，下命令說：「秦國再來挑戰，必須迎頭打回去；敵人打敗了，就得追下去，不殺得他們片甲不留勢不罷休。」

秦軍那邊的范睢得到趙括替換廉頗的消息，知道自己的反間計成功，就秘密派白起為上將軍，去指揮秦軍。白起一到長平，佈置好埋伏，故意打了幾陣敗仗。趙括不知是計，拚命追趕。白起把趙軍引到預先埋伏好的地區，派出精兵兩萬五千人，切斷趙軍的後路；另派五千騎兵，直衝趙軍大營，把四十萬趙軍切成兩段。趙括這才知道秦軍的厲害，只好重新使用廉頗的軍事策略，築起營壘堅守，等待救兵，但為時已晚。秦國又發兵把趙國救兵和運糧的道路切斷了。

趙括的軍隊，內無糧草，外無救兵，守了四十多天，兵士都叫苦連天，無心作戰。早知如此，何必當初。趙括想帶兵衝出重圍，秦軍萬箭齊發，把趙括射死了。趙軍聽到主將被殺，也紛紛扔了武器投降。白起表面上接受趙軍的投降，後來卻把這四十五萬趙軍活埋了。這一場中國歷史上慘烈的戰役，被稱為「長平之戰」。

可憐四十五萬趙軍，在紙上談兵的主帥趙括手裡全軍覆沒了。

宥過刑故

【名言】

宥過無大，刑故無小。

——《大禹謨》

【要義】

宥（宥音ㄧㄡˋ），寬容、饒恕。刑，處罰。故，故意犯罪。

這句話的意思是：不慎失誤而發生過錯，過錯雖大也可從寬處理；故意犯法，所犯雖小也要加以處罰。

【故事】

周襄王二十四年（前六二八年），秦穆公派孟明視為大將，西乞、白乙丙為副將，配備三百輛兵車，偷偷地去攻打鄭國。第二年二月，秦國的大軍進入鄭國滑邑（今河南偃師東南）的地界，恰好被鄭國的牛販子弦高碰上，弦高冒充是鄭國派來的使臣，聲稱奉命來慰勞秦國的軍士，並在暗地裡急忙派人報告鄭國國君。孟明視得知鄭國早有準備，遂滅掉滑邑，退兵回國。在回國的路上，被晉國的軍隊在地勢險要的崤山（今河南三門峽東）伏擊，秦國士兵死降無數，孟明視、西乞、白乙丙三員大將也全都被活捉了。但晉襄公聽信他母親秦國人文嬴的話，把他們三個人釋放了。

孟明視等三個人回到秦國，秦穆公聽到全軍覆沒，穿了素服，親自到城外去迎接他們。三人跪在地上請罪。秦穆公說：「這是我的不是，沒有聽你們父親的勸告，害得你們打了敗仗，哪能怪你們呢？再說，我也不能因為一個人犯了一點小過失，就抹煞他的大功啊。」三個人感激得直淌眼淚。自此以後，他們認真操練兵馬，一心一意要為秦國報仇。

周襄王二十七年（前六二五年），孟明視要求秦穆公發兵去報崤山戰役之仇，秦穆公答應了。孟明視等三員大將率領四百輛兵車打到晉國，沒想到晉襄公早有準備，孟明視又打了敗仗。秦穆公仍舊沒有治他的罪，但孟明視實在過意不去，好像對國家欠下一筆債。他把自己的財產和俸祿全拿出來，送給在戰爭中死亡將士的家屬。他跟兵士一塊兒過苦日子，兵士吃粗糧，他也吃粗糧，兵士啃菜根，他也啃菜根，天天苦練兵馬，一心要報仇雪恥。

這年冬天，晉國聯合了宋、陳、鄭三國打到秦國的邊界上來了。孟明視囑咐將士守住城，不准隨便跟晉國人交戰，結果又讓晉國奪去了兩座城。這樣一來，秦國就有人說孟明視的壞話，說他不該這麼膽小。附近的小國和西戎看著秦國一連打了三次敗仗，紛紛脫離秦國，不受其轄管了。

周襄王二十八年（前六二四年），也就是崤山交戰以後第三年的夏天，孟明視做好一切準備，挑選了國內精兵，調動了五百輛兵車。秦穆公拿出大量的糧食和財帛，把將士的家屬安頓好。將士的鬥志旺盛，整裝出發。大軍渡黃河的時候，孟明視對將士說：「咱們這回出來，可是有進沒退，我想把船燒了，大家看怎麼樣？」

大夥說：「燒吧！打勝了還怕沒有船嗎？打敗了，也別回來了。」

孟明視的兵士們憋了幾年的氣悶和仇恨，全在這時候激發出來。沒有幾天工夫，就一舉奪回了上次丟失了的兩座城，接著又攻下晉國的幾座大城。

晉國這才感到秦國攻勢的厲害，上上下下都著了慌。晉襄公跟大臣商量以後，下了命令：只許守城，不許跟秦國人開戰。秦國的大軍在晉國的地面上來回挑戰，沒有一個晉國人敢出來。有人對秦穆公說：「晉國已經認輸了，他們不敢出來交戰。主公不如埋了崤山的屍骨回去，也可以洗刷以前的恥辱了。」秦穆公就率領大軍到崤山，把三年前作戰死亡將士留下的屍骨收拾起來，埋在山坡。秦穆公帶領孟明視等將士，祭奠了一番，才班師回國。

不矜不伐

【名言】

汝惟不矜，天下莫與汝爭能；汝惟不伐，天下莫與汝爭功。

——《大禹謨》

【要義】

矜，自認為賢。莫，沒有人。伐，自誇有功。

這句話的意思是：只要你不自以為賢，天下就沒有人和你爭能；只要你不自誇有功，天下就沒有人和你爭功。這是帝舜稱讚大禹功績的話。

禹的父親鯀（鯀音ㄍㄨㄣˇ）用造堤築壩的方法，花了九年時間治水，都沒有把洪水制服。禹用開渠排水、疏浚河道的辦法，經過十三年的努力，終於把洪水引到大海中去。禹為了治水，到處奔波，「三過家門而不入」。禹治水的功績，提高了部落聯盟首領的威信和權力。後人為了推崇他，尊稱他為大禹。

【故事】

周武王建立了周王朝以後，不久就得病死了。他的兒子十三歲的周成王繼承王位，那時候，剛建立的周王朝還不大穩固，國家大事由武王的弟弟周公旦輔助成王治理，實際上是代行天子的職權。歷史上通常不稱周公旦的名字，只尊稱他為周公。

周公的封地在魯國，因為他要留在京城處理政事，不能到封地去，等他的兒子伯禽長大了，就派伯禽代替他到魯國去做國君。伯禽臨走的時候，問他父親有什麼囑咐。

周公說：「我是文王的兒子，武王的弟弟，當今天子的叔叔，你說我的地位怎麼樣？」

伯禽說：「那自然是很高的了。」

周公說：「是的！我的地位確實很高，但是當我洗頭髮的時候，一碰到急事，就馬上停止洗頭髮，把濕頭髮握在手裡去辦事；當我吃飯的時候，有人來求見，我就把來不及嚥下的飯菜吐出來，去接見那些求見的人。我這樣做，還怕天下的人才不肯到我這兒來呢。你到了魯國，不過是個國君，可不能驕傲啊！」伯禽連連點頭，表示一定記住父親的教導。

周公盡心盡意輔助成王，管理國事，可是他的弟弟管叔、蔡叔卻在外面造謠，說周公有野心，想篡奪王位。商紂王的兒子武庚雖然被封為殷侯，但是受到周朝的監視，覺得很不自由，巴不得周朝發生內亂，重新恢復他的王位，就和管叔、蔡叔串通一氣，聯絡了一批殷商的舊貴族，還煽動東夷中幾個部落，起兵造反。

武庚和管叔等人製造的謠言，鬧得鎬京沸沸揚揚，連召公奭（奭音ㄕˋ）聽了也懷疑起來。成王年幼不懂事，更分不清是真是假，對這位輔助他的叔父也有點信不過。周公心裡很難過，他首先向召公奭開誠佈公地談了一次話，告訴召公奭，他絕沒有野心，要他顧全大局，不要輕信謠言。召公奭被他這番誠懇的話感動，消除了誤會，重新和周公合作。周公在安定了內部之後，毅然調動大軍，親自率領大軍東征。

這時候，東方有幾個部落配合武庚蠢蠢欲動。周公下命令給太公望，征討不服周朝的各國諸侯和部落。這樣，由太公望控制東方，他自己全力對付武庚。費了三年的工夫，周公終於平定了武庚的叛亂，把帶頭叛亂的武庚殺了。管叔一看武庚失敗，自己覺得沒有顏面見他的哥哥和姪兒，上吊自殺了。周公平定了叛亂，對蔡叔治了一個充軍的罪。

在周公東征的過程中，一大批商朝的貴族成了俘虜。因為他們反抗周朝，所以稱他們是「頑民」。周公覺得讓這批人留在原來的地方不大放心；同時，又覺得鎬京在西邊，要控制東部的廣大中原地區很不方便，就在東面新建一座都城，叫做雒邑（雒邑音ㄌㄨㄛˋ ㄧˋ，今河南洛陽），把殷朝的「頑民」都遷到那裡，派兵監視他們。從那以後，周朝就有了兩座都城。西部是鎬京，又叫宗周；東部是雒邑，又叫成周。

周公輔助成王執政七年，總算把周王朝的統治鞏固下來，他還制訂了周朝一套典章制度。到周成王滿二十歲的時候，周公把政權交給周成王管理。從周成王到他的兒子周康王兩代，前後五十多年，是周朝強盛和統一的時期，歷史上叫做「成康之治」。

勿遊於逸

【名言】

罔遊於逸，罔淫於樂。

——《大禹謨》

【要義】

罔，不要。淫，過分、無節制。

這句話的意思是不要沉湎於遊逸，不要過度放縱於玩樂。

【故事】

孟子，名軻，鄒（今山東鄒城）人，約生於周烈王四年（前三七二年），約死於周赧王二十六年（前二八九年）。戰國時期偉大的思想家，儒家的主要代表之一。相傳孟子是魯國貴族孟孫氏的後裔，幼年喪父，家境貧困，曾受業於子思的學生。學成以後，以士的身分遊說諸侯，企圖推行自己的政治主張，到過梁（魏）國、齊國、宋國、滕國、魯國。當時幾個大國都致力於富國強兵，爭取透過暴力的手段實現統一。孟子的仁政學說在當時被統治者認為是迂腐遙遠而不實用的東西，因此沒有得到實行的機會。最後退居講學，和他的學生一起著書立說。

孟子繼承和發展了孔子的德治思想，發展為仁政學說，並使之成為其政治思想的核心。他把「親親」、「長長」原則運用於政治，以緩和階級衝突，維護封建統治階級的長遠利益。孟子把倫理和政治緊密結合起來，強調道德修養是做好政治的根本。他說：「天下之本在國，國之本在家，家之本在身。」後來《大學》提出的「修齊治平」就是根據孟子的這種思想發展而來的。

孟子繼承了孔子的天命思想，把天想像成為具有道德屬性的精神實體。他說：「誠者，天之道也。」孟子把誠這個道德概念規定為天的本質屬性，認為天是人性固有的道德觀念的本原。孟子的思想體系，包括他的政治思想和倫理思想，都是以天這個範疇為基石的。孟子生活的時代是一個百家爭鳴的時代，楊朱、墨翟的實用主義學說遍佈天下，孟子站在儒家立場加以激烈抨擊。

孟子繼承和發展了孔子的思想，提出一套完整的思想體系，對後世產生了極大的影響，被尊奉為僅次於孔子的「亞聖」。

孟子之所以能成為中國歷史上甚至世界歷史上一位偉大的思想家，與孟母對他的督導是分不開的。愛玩是兒童的天性，孟母為了不讓孟子因為玩耍而荒廢學業，曾經數次搬家，「孟母三遷」在歷史上被傳為佳話，成為兒童早期教育的典範。

「孟母三遷」這個典故出自漢代劉向《列女傳．母儀》。孟子三歲時父親逝世，母親仉（仉音ㄓㄤˇ）氏守節不改嫁，孟子便與母親相依為命，由母親撫養成人。孟母很有教養，不但非常疼愛自己的兒子，而且非常重視對孟子的教育。

孟子小時候住在今山東鄒城北二十五里的馬鞍山下一個名叫范村的村子裡，附近有一片墓地，出殯的人群常從孟子家門口經過，他經常看到披麻戴孝、捶胸頓足、號啕大哭送葬的隊伍。孟子還只是個孩子，而且非常頑皮，他耳濡目染，自覺不自覺地學了些喪葬的禮儀，於是就經常模仿隊伍中吹鼓手和婦女號啕大哭的樣子，學著大人跪拜的樣子，還和鄰居的小孩一起玩起辦理喪事的遊戲。他還不時到墓地上玩死人下葬的活動：在地上挖一個坑，把朽木或腐草當作死人埋下去。孟母對兒子這樣玩耍很生氣，認為這樣發展下去不僅不利於孟子讀書，也不利於孟子的身心健康，便把家搬到城郭北部的廟戶營。

誰知搬家以後，鄰居東邊有一個殺豬的，西邊有一個打鐵的。孟子好奇地模仿打鐵和殺豬的樣子。廟戶營旁邊有個集市，集市上相當繁華，孟子又和鄰居的小孩學生意人的吆喝叫賣，整天嬉戲。學起商人做生意的樣子：一會兒鞠躬歡迎客人，一會兒招待客人，一會兒和客人討價還價，表演得唯妙唯肖。孟母搬家到城裡的目的是要兒子熟讀《論語》，將來成為像孔子那樣的大學問家。可是他家處於鬧市中，打鐵聲、殺豬聲、叫賣聲終日不斷，孟母覺得這個地方確實很難使兒子集中心思讀書，只好再次搬家。

這次搬遷到「學宮之院」，即城郭南門外子思書院旁。書院那裡的環境很好，學習的氛圍很濃，書聲琅琅，孟子每天都能聽到學堂裡傳出的讀書聲，孟子也就很快地安下心來讀書。有時，他還向書院裡張望，觀看裡面的學生是怎樣讀書，又是怎樣跟隨老師演習周禮的。夏曆每月初一這一天，官員要進入文廟，行跪拜禮，揖讓進退，孟子見了一一記住，回到家裡，也模仿起來。一天，孟母發現兒子在磕頭跪拜，以為他又在玩埋死人的把戲了，心裡很難過，在聽兒子說是演習周禮後，就又高興起來。孟母想：「這才是適合孩子居住的地方。」於是，就和兒子在這裡定居下來了。後來，孟母把孟子送進了書院，學習《詩經》、《尚書》等典籍。經過母親的不斷開導，孟子的學業日見長進。

後世以「孟母三遷」為頌揚母教之詞，亦稱「三徙」或「三移」。

據說孟子自從搬到書院附近，一開始還認真讀書，稍大一點，卻變得十分貪玩。一天，孟子放學回家，孟母正在織布，孟母問他：「讀書學習是為了什麼？」孟子說：「為了自己。」孟母非常氣憤，用刀割斷她正在織的布匹，說：「你荒廢學業，就像我割斷這匹布一樣，前功盡棄，變成一個廢物。」孟子深受啟發，牢記母親的教誨，從此以後，每天勤學苦讀，終於成為中國歷史上一位偉大的思想家。

「孟母三遷」與「孟母斷織」這兩個故事經宋代《三字經》的傳揚，至今還有深遠影響。它告訴人們，不要忽視對孩子玩樂天性的正確引導和教育。否則，孩子就會像王安石《傷仲永》一文所寫的那樣「泯然眾人矣」。

罪疑功疑

【名言】

罪疑惟輕，功疑惟重。

——《大禹謨》

【要義】

判罪量刑不確定時，就從輕判；論功行賞不確定時，就從重賞。

【故事】

春秋戰國時期，吳起在魏國的武侯手下做事，職務是西河的地方長官。秦國那一側有一座小山寨，靠著兩國的邊境。吳起很想攻入那個山寨，因為山寨中的秦軍常常來騷擾西河的邊民。不過，那個山寨很小，實在不值得調派正規的部隊。

吳起想了個辦法，他把一個車轅放在北門外，張貼佈告說：「能夠把車轅移到南門外的人，我將給他上等的房子及田地。」百姓都不相信，好不容易才有人把車轅移到南門外，此人果真獲得了上好的房屋和田地。

不久之後，吳起又把一車紅豆放在東門外，再張貼佈告說：「把紅豆移到西門外的人，亦可獲得上等的房屋及田地。」這一次，人人爭先恐後地去做。

於是吳起又發佈告：「明天就要攻打秦國山寨，第一個到山寨的人，我將提拔他為官吏，並給他上等的房子及田地。」這樣一來，再沒有任何人懷疑了，都爭先恐後地參與戰鬥，一舉將山寨攻下。

吳起如此費盡心機，目的是想給百姓造成賞罰必信的印象。他深明賞罰有信可以充分激發人們積極性的道理。

對於承諾的賞賜，一定要兌現，否則將會失去部下的信賴。這一點，也是韓非子著重強調的。承諾不論大小，如果是「空頭支票」，絕對不會產生引發部下積極性的力量。同樣，懲罰別人時，也必須嚴格遵循刑法。要認知到，刑法與私情、仁義是不相容的。

韓非子批評一些領導者對那些違背刑法的人以禮相待，結果導致了禁令不行、國家混亂的嚴重局面，認為這實際是在破壞刑法、毀滅國家。他舉例說：楚國有一個人，大家都稱他「直躬」（躬行正直的人）。他的父親偷了人家的羊，他便去官府報告。令尹（宰相）命令說：「把直躬殺掉！」令尹的理由是，直躬雖然對君主忠義，是直臣；但卻對父親不孝，是「暴子」，因而該殺；魯國有一個人跟隨君主去打仗，三次上陣，三次敗逃。孔子問他逃跑的緣故，他回答說：「我家裡還有一個年老的父親。我一死，就沒人養活他了。」孔子認為他孝行可嘉，把他舉薦給魯君，讓他做了官。

令尹把那個「直躬」殺掉之後，楚國就不再出現揭發壞事的人；孔子把那個「三戰三逃」的魯國孝子嘉獎之後，魯國人就不把投降當成一種恥辱了。上下之利，他們的差別，大到這樣程度。一個君主，如把屬於「公」的功績和屬於「私」的善行，全都兼施，想藉此為國家帶來幸福，勢難有成。

刑法的實施，是維護國家和社會安定的重要手段，因此，韓非子強調，領導者在施行獎賞時，應重賞；執行刑法時，不應輕易赦免。用榮譽輔助獎賞之不足，執行刑罰的同時隨即加他惡名，那麼，無論是德才好的，或是德才不好的，就都會為國家盡力了。

當然，也有的大臣功高不邀賞，守節不移志。

春秋時期，晉公子重耳由於晉獻公寵姬驪姬的陷害，亡命國外，在國外過了十幾年的流亡生活，多虧了趙衰、狐偃、狐毛、胥臣、狐射姑、先軫、介子推等文武大臣輔佐扶助，才得以重返故國，繼承王位，是為晉文公。

晉文公重耳繼承王位之後，大會群臣進行復國之賞。他把有功之臣分為三等：以隨從亡命者為首功；以送款者為第二；迎降者為第三。受賞者無不感激歡悅。

單說曾經跟隨晉文公重耳亡命國外的臣子介子推。晉文公往齊國避難，途經衛國。衛國之君衛文公以晉衛未通盟好為由，不放晉公子重耳入城。公子重耳君臣無奈，只好忍飢挨餓繼續前進。中午時分，來到一處叫五鹿的地方，看到一夥田夫，在田埂上吃飯，重耳令狐偃去求食。

田夫譏笑道：「堂堂男子，不能自資。我等田野村夫，吃飽了才能耕地使鋤，哪有餘食給你們？」重耳等人只好繼續向前，又走了十多里，飢不能行，只得在樹下休息。眾人撿了些野菜煮成湯，送給重耳，重耳難以下嚥。

這時，介子推捧了一碗肉湯呈獻給重耳，重耳喝湯，覺得美味異常，忙問：「此處何從得肉？」

介子推答道：「臣之股肉也！臣聞孝子殺身以事其親，忠臣殺身以事其君。今公子乏食，臣故割股肉以飽公子之腹。」

重耳流著眼淚說：「我這個亡命之人連累你太多了，我如何報答你呢？」

介子推說：「但願公子早歸晉國，以成臣為股肱之義，臣豈望報哉！」

介子推對晉文公忠心耿耿，肝膽相照。但由於重耳在論功行賞時，介子推託病在家，竟被忘掉，未曾封賞。有人問介子推：「你跟隨主人亡命十九年，而且曾經割股救君，勞苦功高，主君沒有封賞，你為何不言不語？」

介子推笑了笑說：「晉獻公有九個兒子，重耳最賢，故上天將國家重任付於重耳。眾臣不知天意，爭功邀寵，我以為恥！我寧可終身以織鞋為生，也不敢貪天之功為己有也！」介子推的母親說：「你雖不求俸祿，亦該入朝一見，才不埋沒你割股的功勞。」

「孩兒既無求於君，見君何為？」介子推道。

「你能為廉士，吾豈不能為廉士之母？我們母子應當隱居深山，不要居於市廛（廛音ㄔㄢˊ，泛指房舍）才好。」老母說。於是，介子推就背著母親上了綿山，以草木為食，在草屋中安身，準備終老深山，不再復出。

重耳聞知此事，大驚說：「以前我經過衛國沒有飯吃，介子推割股以進，今天我大賞功臣，卻忘了介子推，這是我的過失！」忙親自到綿山見介子推。

但見綿山峰巒疊疊，草樹萋萋，流水潺潺，白雲片片，獨不見介子推母子蹤跡。就命人放火燒山，以逼迫介子推出山。

大火燒了三天三夜，介子推始終不肯出來。重耳命令手下尋找，只見介子推母子相抱，已經死在一棵被燒得乾枯的柳樹下面。晉文公重耳見狀，不禁流下淚來，命人葬於綿山，立祠堂祭祀他，並改綿山為介山。老百姓就以焚燒綿山的那一天（清明前一天）為寒食節，這一天，家家不動煙火，並插柳於門，以招介子推之魂。後世人在綿山立縣，命名為介休縣，意思是介子推休息的地方，來紀念介子推。

介子推實不愧為重耳的股肱之臣，不愧為社稷之臣，為了晉文公重耳重返故國，繼承王位，可殺身成仁，捨生取義，而且更可貴的是他功高不邀賞，至死保持氣節。

寧失不經

【名言】

與其殺不辜，寧失不經。

——《大禹謨》

【要義】

辜，罪。不經，不合法度。

這句話的意思是：執法時，與其會使無罪之人被殺，寧可因放走罪人而造成失誤。

【故事】

隋朝開國皇帝隋文帝統一全國以後，國家剛剛從戰亂中建立，他就實行了各種鞏固統治的措施，改革官制和兵制，開創科舉制度，選拔廉潔奉公的官員，嚴懲貪官污吏。經過他的一番整頓改革，政局穩定，社會經濟出現了繁榮的景象。

隋文帝還派人修訂法律，廢除了一些殘酷的刑罰。這本來是件好事，但是隋文帝本人卻不完全按照法律辦事，往往一時氣憤，不顧法律規定，隨便下令殺人。這種情形，讓司法官員很為難。大理（司法機構）少卿趙綽（綽音ㄔㄨㄛˋ）覺得維護法律是他的責任，常常跟隋文帝頂撞。

隋文帝曾經下令禁止使用不合標準的錢幣。有一天，大興城（隋朝的都城名，今陝西西安）大街上有人拿次幣換好幣，被人逮到衙門裡。這件事讓隋文帝得知，他聽說有人竟敢違反他下的禁令，一氣之下，就下令把換錢的兩個人統統砍頭。

趙綽接到命令，趕忙進宮求見隋文帝。他對隋文帝說：「這兩人犯了禁令，按照法律只能杖擊，不該處死。」

隋文帝不耐煩地說：「這是我下的命令，不干你的事。」

趙綽說：「陛下不嫌我愚笨，叫我充當大理官員。現在遇到不依刑律殺人的情況，怎麼能說跟我沒關係呢？」

隋文帝氣沖沖地說：「你想觸犯皇帝的威嚴嗎？否則你就走開吧！」

趙綽說：「我只是想勸說陛下改變主意，並不想觸犯您的威嚴。」趙綽不管隋文帝怎樣威嚇，還是堅持自己的意見。隋文帝怎樣罵他趕他，他也不走。隋文帝沒法，很不高興地進內宮去了。後來，由於別的官員也認為殺人不對，隋文帝終於取消了殺人的命令。

有一次，官員辛概（概音ㄐㄧˋ）被人告發從事不法的迷信活動。隋文帝又命令大理把辛概處死。趙綽上朝對隋文帝說：「辛概不該被判死罪，我不能接受這個命令。」

隋文帝氣得渾身發抖，說：「你想救辛概，就沒有你自己的命。」說著，喝令左右侍從把趙綽拉下殿去。

趙綽面不改色，說：「陛下可以殺我，但是不該殺辛概。」左右侍從真的把趙綽扭下朝堂，剝了他的官服，摘掉他的官帽，準備處斬。忽然，隋文帝轉念一想，殺趙綽太沒道理，就派人跟趙綽說：「你還有什麼話說？」言外之意趙綽如果求情，可免他一死，以便給隋文帝一個台階下。沒想到趙綽卻跪在地上，挺直了腰說：「臣一心執法，不怕一死。」隋文帝並不真想殺趙綽，磨蹭了一陣子，氣也平了。他想趙綽能忠於執法，畢竟是有利於他的統治的，就把趙綽放了，過了一天，還派人慰問了趙綽。

在大理官署裡，有一個官員名叫來曠，聽說隋文帝對趙綽不滿意，想迎合隋文帝，就背著趙綽向隋文帝上了一道奏章，認為大理衙門執法太寬。隋文帝看了奏章，認為來曠說得很中肯，就把他提升了官職。

來曠自以為受到皇帝的賞識，就昧著良心，誣告趙綽徇私舞弊，把不該赦免的犯人放了。

隋文帝雖然嫌趙綽辦事不順他的心，但是對來曠的上告，卻有點懷疑。他派親信官員去調查，根本沒有這回事。隋文帝弄清真相，勃然大怒，立刻下命令把來曠處死。

隋文帝把這個案子交給趙綽辦，認為這一回來曠誣告的是趙綽自己，趙綽不會不同意。哪知道趙綽還是說：「來曠有罪，但是不該判處斬首。」隋文帝很不高興，袖子一甩，就退朝往內宮去了。趙綽在後面大聲喊著說：「來曠的事臣就不說了。不過臣還有別的要緊事，請求面奏。」隋文帝信以為真，就答應讓趙綽進內宮。

隋文帝問趙綽有什麼事。趙綽說：「我有三條大罪，請陛下發落。第一，臣身為大理少卿，沒有把下面的官吏管好；第二，來曠不該處死，臣不能據理力爭；第三，臣請求進宮，本來沒有什麼事，只是因為心裡著急，才欺騙了陛下，犯了欺君之罪。」

隋文帝聽到最後幾句話，不禁啞然失笑。一旁在座的皇后，也很賞識趙綽的正直，命令左右賜給趙綽兩杯酒。隋文帝也同意赦免來曠死刑，改判革職流放。

期於無刑

【名言】

刑期於無刑，民協於中，時乃功。

——《大禹謨》

【要義】

期，希望。時，是。

這句話的意思是：制定、執行刑法，是希望人們遵紀守法，從而少用甚至不用刑罰，這才是法治所要追求的目標。

【故事】

西漢文帝的母親薄太后出身低微，漢高祖劉邦在世的時候她就是個不得寵的妃子。她怕住在宮裡受呂后的陷害，就請求跟著兒子住在代郡。住在代郡不像在皇宮裡那麼闊氣，因此，母子倆多少知道一些老百姓的疾苦。

漢文帝即位不久，就下了一道詔書說：「一個人犯了法，定了罪也就是了。為什麼要把他的父母妻兒也一起判罪呢？我不相信這種法令有什麼好處，請你們商議一下改變的辦法。」大臣們一商量，按照漢文帝的意見，廢除了一人犯法、全家連坐（就是被牽連一同被判刑治罪）的法令。

漢文帝十三年（前一六七年），漢文帝因為山東臨淄淳于意的案件和淳于意的小女兒緹縈的上書，廢除了肉刑。

淳于意原本是個讀書人，因為喜歡醫學，經常給人治病，出了名。後來他做了太倉令，但不願意跟做官的來往，也不會拍上司的馬屁。所以，沒有多久就辭了職，當起醫生來了。

有一次，有個大商人的妻子生了病，請淳于意醫治。那病人吃了藥，病沒見好轉，過了幾天竟死了。大商人仗勢向官府告了淳于意一狀，說他妻子是被淳于意治死的。當地的官吏判他「肉刑」（當時的肉刑有臉上刺字，割去鼻子，砍去左足或右足等），要把他押解到長安去受刑。

淳于意有五個女兒，沒有兒子。他被押解到長安去離開家的時候，望著女兒們嘆氣，說：「唉，可惜我沒有男孩，遇到危險，一個有用的也沒有。」幾個女兒都低著頭傷心得直哭，只有最小的女兒緹縈又是悲傷，又是氣憤。她想：「為什麼女兒沒有用呢？」她提出要陪父親一起上長安去，家裡人再三勸阻她都沒有用。

緹縈到了長安，託人寫了一封奏章，到宮門口遞給守門的人。漢文帝接到奏章，知道上書的是個小女孩，非常重視。那奏章上寫道：「我叫緹縈，是太倉令淳于意的小女兒。我父親做官的時候，齊地的人都說他是個清官。這次他犯了罪，被判處肉刑。我不但為父親難過，也為所有受肉刑的人傷心。一個人砍去腳就成了殘廢；割去了鼻子，不能再裝上去，以後就算是想改過自新，也沒有辦法了。我情願讓官府沒收為奴婢，替父親贖罪，好讓他有個改過自新的機會。」

漢文帝看了緹縈的上書，十分同情這個小女孩，又覺得她說得有道理，就召集大臣們，對大臣說：「犯了罪該受罰，這是沒有話說的。可是受了罰，也應該讓他重新做人才是。現在懲辦一個犯人，在他臉上刺字或者毀壞他的肢體，這樣的刑罰怎麼能勸人為善呢？你們商量一個代替肉刑的辦法吧！」

大臣們一起商議，擬定出一個辦法，把原來肉刑改為杖擊。原來判處砍腳的，改為打五百板子；原來判處割鼻子的，改為打三百板子。漢文帝於是正式下令廢除肉刑。緹縈因此救了她的父親。

漢文帝廢除肉刑，看起來是件好事。但是實際執行起來，卻是弊病不少。有些犯人被打上五百或三百板，就把人給活活打死了，這樣一來，反而加重了刑罰。後來到了他的兒子漢景帝手裡，才又把打板子的刑罰減輕了一些。

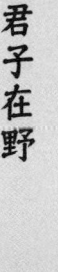

君子在野

【名言】

君子在野，小人在位，民棄不保，天降之咎。

——《大禹謨》

【要義】

咎，災殃。這句話的意思是：賢人被排擠出朝，而小人掌權，人民就會背棄君主而叛離，國家不能保有人民，上天也會對君主及國家降下災殃。

【故事】

屈原名平，字原，是戰國時期楚國傑出的政治家和愛國詩人。他一生經歷了楚威王、楚懷王、楚頃襄王三個時期，但主要活躍於楚懷王時期。由於他出身於王公貴族，又博聞強記，精通治國之道，且善於辭令，因此深得懷王信任，曾經被封為左徒、三閭大夫。屈原在任職期間，對內積極輔佐懷王變法圖強，對外堅決主張聯齊抗秦，使楚國一度出現了一個國富兵強、威震諸侯的局面。然而好景不常，他的正道直行和卓越才幹為腐朽的貴族集團所不容，遂遭到當朝小人的嫉妒和陷害，懷王也逐漸疏遠了他。

楚懷王十五年（前三〇四年），秦國為離間齊國和楚國的同盟關係，派大臣張儀由秦至楚，以重金收買靳尚、子蘭、鄭袖等人充當內奸，同時以「獻商於之地六百里」誘騙懷王，致使齊楚斷交。不過秦國在事後並未兌現諾言，懷王對此惱羞成怒，兩度向秦出兵，均遭慘敗，於是派屈原出使齊國，重修齊楚之好。此間張儀又一次由秦至楚，進行瓦解齊楚聯盟的活動，使齊楚聯盟未能成功。懷王二十四年（前三一三年），秦楚黃棘之盟，楚國徹底投入了秦的懷抱，屈原亦被逐出郢（郢音ㄧㄥˇ）都，到了漢北。懷王三十年（前三一九年），屈原才回到郢都。

秦昭襄王即位以後，很客氣地寫信給楚懷王，請他到武關（今陝西丹鳳東南）相會，當面訂立盟約。楚懷王接到秦昭襄王的信，不去呢，怕得罪秦國；去呢，又怕有危險。他就跟大臣們商量。

屈原對楚懷王說：「秦國強暴得像豺狼一樣，我們受秦國的欺負不止一次了。大王一去，一定中他們的圈套。」可是懷王的兒子公子子蘭卻一股勁地勸懷王去，說：「我們為了把秦國當作敵人，結果死了好多人，又丟了土地。如今秦國願意跟我們和好，怎麼能推辭人家呢。」

楚懷王聽信了公子子蘭的話，就上秦國去了。

果然不出屈原所料，楚懷王剛踏進秦國的武關，立刻被秦國預先埋伏下的人馬截斷了後路。在會見時，秦昭襄王逼迫楚懷王把黔中的土地割讓給秦國，楚懷王沒答應。秦昭襄王就把楚懷王押到咸陽軟禁起來，要楚國大臣拿土地來贖才放他。楚國的大臣們聽到國君被押，把太子立為新的國君，拒絕割讓土地。這個國君就是楚頃襄王。公子子蘭當上了楚國的令尹。

楚懷王在秦國被押了一年多，吃盡苦頭。他冒險逃出咸陽，又被秦國派兵追捕了回去。他連氣帶病，沒多久就死在秦國。

楚國人因為楚懷王受秦國欺負，死在外頭，心裡很不平。特別是屈原，更是氣憤。他勸楚頃襄王搜羅人才，遠離小人，鼓勵將士，操練兵馬，為國家和懷王報仇雪恥。可是他這種勸告不但沒有產生作用，反倒招來了令尹子蘭和靳尚等人的仇視。他們天天在頃襄王面前說屈原的壞話。他們對楚頃襄王說：「大王沒聽說屈原數落您嗎？他老跟人家說：大王忘了秦國的仇恨，就是不孝；大臣們不主張抗秦，就是不忠。楚國出了這種不忠不孝的君臣，怎能不亡國呢？大王，您想想這叫什麼話！」楚頃襄王聽了大怒，把屈原革了職，放逐到湘南去。

屈原抱著救國救民的志向，富國強民的打算，反倒被奸臣排擠出去，簡直氣瘋了。他到了湘南以後，經常在汨（汨音ㄇㄧˋ）羅江（今湖南省東北部）一帶一邊走，一邊唱著傷心的詩歌。

附近的莊稼人知道他是一位愛國的大臣，都很同情他。這時候，有一個經常在汨羅江上打魚的漁父，很佩服屈原的為人，但就是不贊成他那愁悶的樣子。

有一天，屈原在江邊遇見漁父。漁父對屈原說：「您不是楚國的大夫嗎？怎麼會弄到這等地步呢？」

屈原說：「許多人都是骯髒的，只有我是個乾淨人；許多人都喝醉了，只有我還獨自清醒著。所以我被趕到這兒來了。」

漁父不以為然地說：「既然您覺得別人都是骯髒的，就不該自命清高；既然別人都喝醉了，那麼您何必獨自清醒呢！」

屈原反對說：「我聽人說過，剛洗頭的人總要把帽子彈彈再戴，剛洗澡的人總是喜歡撣撣衣上的灰塵。我寧願跳進江心，被魚吞進肚子裡去，也不能拿自己乾淨的身子跳到污泥裡，去染得一身髒。」

楚頃襄王二十一年（前二七八年），秦將白起攻破郢都，屈原悲憤難抑。這一年的五月初五那天，他終於抱著一塊大石頭，跳到汨羅江裡自殺了，以身殉了自己的政治理想。附近的莊稼人，得到這個消息，都划著小船去救屈原。可是一片汪洋，哪有屈原的影子。大夥兒在汨羅江上撈了半天，也沒有找到屈原的屍體。

漁父很難受，他對著江面，把竹筒子裡的米撒了下去，算是獻給屈原的。到了第二年五月初五那一天，當地的百姓想起這是屈原投江一周年的日子，又划了船把竹筒子盛了米撒到水裡去祭祀他。後來，他們又把盛著米飯的竹筒子改為粽子，划小船改為賽龍舟。這種紀念屈原的活動漸漸成為一種風俗。人們把每年農曆五月初五稱為端午節，據說就是這樣來的。

屈原死後，留下了一些優秀的詩歌，其中最有名的是《離騷》。他在詩歌裡，痛斥賣國的小人，表達了他憂國憂民的心情，對楚國的一草一木，都寄託了無限的深情。楚懷王如果聽信屈原的建議，也不至於那麼快亡國。

知人則哲

【名言】

知人則哲，能官人。

——《皋陶謨》

【要義】

哲，明哲。官，任用。

這句話的意思是說：能瞭解人，才是有大智慧的人，才能更好地任用人。

【故事】

西元前二〇二年，漢王劉邦即位做了皇帝，史稱漢高祖。

他即位不久，就在洛陽南宮開了一個慶功宴會。他對大臣們說：「咱們今天聚在一起，大家說話不用顧忌。你們說說，我是怎麼得天下的？項羽又是怎樣失天下的？」

大臣王陵等說：「皇上派將士打下城池，有封有賞，所以大家肯為皇上效勞；項羽對有功勞和有才能的人猜疑、妒忌，打了勝仗，不記人家的功勞，所以失去了天下。」

漢高祖笑了笑說：「你們只知其一，不知其二。要知道成功失敗，全在用人。坐在營帳裡制定作戰計畫，能算準千里之外的勝利，這一點我不如張良；治理國家，安撫百姓，給前方運送糧草，這一點我比不上蕭何；統領百萬大軍，開戰就打勝仗，攻城就能拿下來，這一點我怎麼也趕不上韓信。這三人都是當代的豪傑。我能夠重用他們，這就是我得天下的原因。項羽連一個范增都不能用，所以被我消滅了。」

大家都佩服漢高祖說得有道理。後來，人們就把蕭何、張良、韓信稱做「漢初三傑」。

在這裡，我們看看文臣蕭何和武將韓信的功勞。

蕭何，沛縣豐邑（今江蘇豐縣）人，出生時間不詳，死於漢惠帝二年（前一九三年）。秦朝時候，他在沛縣當縣吏。他通達文理，很能辦事，曾經到泗水郡當差，考核名列第一。秦朝的御史想把他調走，他再三懇求，才得以留在沛縣。劉邦在沛縣起義，蕭何就參加他的起義隊伍。劉邦命令他督辦軍隊的後勤供應。劉邦攻入秦朝的京城咸陽後，諸將多爭搶金銀財物，蕭何卻搶先進入秦丞相御史府，把律令、圖書收藏起來。這些資料使蕭何掌握了全國的山川險要、郡縣戶口並知民間疾苦，對日後制定政策和取得楚漢戰爭勝利發揮了重要作用。後來劉邦在楚漢戰爭中能取得勝利，這也是一個非常有利的條件。

劉邦為漢王後，任命蕭何為丞相。當時，劉邦居巴蜀、漢中一帶，漢軍將士渴望東歸，逃亡很多。淮陰人韓信原為項羽部下，因項羽沒有重用，就投奔劉邦，但劉邦也不肯重用，韓信就不辭而別。蕭何知道韓信具有卓越的軍事才能，聽說他跑了，來不及向劉邦說明，就親自前往追趕。他把韓信追回來，推薦給劉邦，拜為大將。韓信拜將後，果然在楚漢戰爭中立了很大的功勞。「蕭何月下追韓信」這件事情，在歷史上已經傳為佳話。

在楚漢戰爭期間，蕭何以丞相的身分，留守關中。他徵收糧稅，徵發士兵，支援前線的漢軍作戰，使關中成為漢軍的鞏固後方，不斷地輸送士卒糧餉支援前線作戰，對劉邦戰勝項羽、建立漢朝產生了重要作用。劉邦平定天下後，論功行賞，群臣爭功，一年多還定不下來。最後，劉邦認為蕭何功勞最大。

劉邦在戰爭期間曾分封韓信、英布等人為異姓諸侯王。項羽敗亡後，韓信、陳稀、英布等先後謀反。蕭何又定計誅殺韓信，並在劉邦親征陳稀、英布時，捐獻家財幫助軍隊，努力安撫關中百姓，為消滅異姓諸侯王立了不少功勞。因此，他又被拜為相國。

蕭何在漢初的另一重大功績是制訂律令制度，執行與民休息政策。劉邦入關後，曾廢除秦朝的嚴刑峻法，和老百姓約法三章。但三章之法畢竟太簡略了。於是，蕭何又制訂《漢律》九章。漢初正值大亂之後，統治者實行與民休息政策，蕭何在這方面也執行得很好。蕭何去世後，曹參繼任相國，就完全按照蕭何的規章制度辦事，歷史上稱之為「蕭規曹隨」。

蕭何是一位很有貢獻的歷史人物。他幫助劉邦完成統一事業，建立漢朝，對我國歷史的發展是具有積極作用的。他執政以後所採取的一些措施，也是有利於當時社會經濟的恢復和發展的。

韓信，漢初傑出的軍事家，出生時間不詳，死於漢高祖十一年（前一九六年）。韓信自幼父母雙亡，但他很勤奮地讀書習武，帶著一把劍，四處流浪。由於他很窮，經常沒有飯吃。後來，韓信投奔項梁，當了個小兵，算是有了衣食的基本保障。項梁死後，項羽也只是讓他當了個執戟郎中。韓信幾次向項羽獻計，都沒有受到重視。韓信在項羽那裡待了些時間，知道項羽不是能成大器的人，自己在他手下沒有出路，於是，他又投奔到劉邦的部下。結果，劉邦也只是給了他一個小官做。

一天，韓信與幾位夥伴喝了酒，大發牢騷，消息傳到劉邦處，劉邦以為他們要叛變，就命人將他們斬首。臨刑時，韓信見是漢將夏侯嬰監斬，就問道：「難道漢王不想得到天下嗎？為什麼要斬殺壯士？」夏侯嬰以韓信所說不凡、相貌威武而下令釋放，並將韓信推薦給劉邦，但仍未被重用。

之後韓信多次與蕭何談論，為蕭何所賞識。蕭何深知韓信是位帥才，而這時劉邦正想找人擔當大將的職位，蕭何向劉邦建議由韓信來擔任，劉邦根本不聽。蕭何推薦韓信的次數多了，劉邦才答應要重用韓信，但卻沒有一點實際表示。韓信見劉邦無重用之心，就決定離開劉邦，一個人離開了部隊。蕭何知道了，急忙帶了幾名隨從追去，直追到月亮高懸半空，才將韓信追上。蕭何追上韓信，將他勸回漢營。回來後，蕭何就向劉邦推薦韓信，稱他是漢王爭奪天下不能缺少的大將之才，應重用韓信。劉邦終於聽信了蕭何的勸告，決定拜韓信為大將。

蕭何向劉邦建議：大王平素舉止粗魯，對人傲慢無禮，如今要任用韓信為大將軍，卻像呼喚小孩子一樣，這怎麼行？當初造成韓信不辭而別，就是這個原因。我以為，大王應當選擇良辰吉日，先行齋戒，表示誠心，然後設立高壇，舉行隆重的拜將儀式才可以。

劉邦於是命人起土築壇拜將，對韓信授予重權。拜將那天，跟隨劉邦多年、戰功顯赫的將軍，都以為自己會被拜為大將，結果卻是毫無名聲、一點戰功也沒有的韓信，大家都愣住了。劉邦這次拜將，使雄才大略的韓信有了用武之地，此後他逐鹿中原，叱吒風雲，協助劉邦打敗了項羽。從此，劉邦文靠蕭何，武靠韓信，如虎添翼，勢力大增。

韓信果然出手不凡，拜將之初，便直言不諱，為劉邦獻策。他問劉邦：「您自己想想，與項羽相比，你們倆在勇敢、強悍方面誰更厲害？」

劉邦深思許久，回答說：「我不如他。」

韓信說：「但您卻能任用天下武勇之人，肯定能打敗項羽。」這句話使劉邦堅定了信心。

接著，韓信建議劉邦舉兵東出陳倉，佔領了關中，降服了魏豹、申陽、鄭昌、司馬卬（卬音ㄤˊ），聯合齊王田榮和趙王歇攻打項羽。

韓信不辱使命，越太行，強渡黃河，連克魏、代，勢如破竹。劉邦讓他帶領號稱「數萬」的殘弱之師繼續擊趙，韓信與另一漢將張耳引兵數萬，來到井陘關前。此時趙王和輔佐他的成安君陳餘聚兵號稱二十萬。韓信在井陘關前三十里駐軍，先偵察敵情，察看地形，然後選輕騎兩千人，每人拿一幅小紅旗，夜半出發，從小路插向敵後為奇兵。並與眾將相約：「今日破趙後與諸君會師！」諸將將信將疑，底氣不足地答曰：「是。」

韓信令漢軍渡泜（泜音ㄔˊ）水背水列陣，趙軍望見而大笑他們犯兵家之忌。趙軍輕敵大意，傾巢而出，大戰漢軍。漢軍背水而立，後無退路，人人死戰。此時韓信所出奇兵兩千騎，趁趙軍全部出營壘擊漢軍時從背後進入趙軍營壘，拔下趙軍的旗幟，插上了兩千幅漢軍的紅旗。趙軍打不敗漢軍，想要返回時，見營壘內盡是漢軍紅旗，非常驚慌，潰不成軍。於是漢軍前後夾擊，大破趙軍，斬成安君，擒趙王歇。這便是歷史上著名的「背水之戰」。

慶功宴上，諸將道賀，方敢道出心中原存的疑慮，問韓大將軍面對數倍於己的敵人，何以有必勝的把握？並且還擺出兵法通常忌諱的「背水之陣」。韓信談笑風生，提醒他的部將們忘記了兵法所言「陷之死地而後生，置之亡地而後存」。隨後，韓信挾大勝之威，不戰而使燕國屈服。

韓信自東征以來，愈戰愈勇，兵力愈益壯大。而劉邦卻不敵項羽，兵敗滎（滎音ㄒㄧㄥˊ）陽，逃至成皋，又被圍困。逃出成皋，進入韓信軍營，令張耳留守趙地，拜韓信為相國，收趙兵擊齊。

韓信集合起劉邦留給他的殘餘部隊前往擊齊。這一回，他面臨的不止是齊軍，還有項羽派來的大將龍且和二十萬援軍。面對強敵，韓信再度顯示出其過人的軍事天才。雙方夾濰水對峙。韓信趁夜令人用萬餘沙袋，攔截上游之水，引軍半渡，擊龍且，佯裝不敵，退走，引龍且來追。龍且果然上當。待龍且軍渡水時，韓信令人撤去沙袋放水，大淹楚軍，再回軍反擊，殺龍且，楚軍大潰，齊王田廣逃走。

韓信攻佔齊地後，項羽恐慌萬分，連忙派人去遊說韓信，以三分天下為條件，希望他反漢聯楚，結果被韓信拒絕。韓信的謀士蒯（蒯音ㄎㄨㄞˇ）通勸他：「將軍難道沒有聽說過勇略震主者身危、功蓋天下者不賞的道理嗎？將軍如今既有震主的威名，又挾難賞的大功，歸楚，楚不信；歸漢，漢王震恐。若不自立為王，何處是你的歸宿呢？」

韓信聽了連連擺手道：「請不要再說了，漢王待我情深恩厚，把他的車給我乘，把他的衣給我穿，把他的飯給我吃。古人說過：乘人家的車，要替人分擔憂患；穿人家的衣，也應替人分擔憂患；吃人家的飯，就應該為人家賣命。我怎麼能見利忘義呢？」於是，謝絕了蒯通的建議。

可是齊地初定，需立王掌政以安民心，所以韓信已遣使修書請求劉邦立他為假齊王（代理齊王）。當時，劉邦聽取了張良和陳平的意見後，立韓信為齊王，並徵調他的部隊攻楚。

漢高祖五年（前二〇二年）十二月，楚漢兩軍在垓（垓音《ㄞ）下（今安徽靈璧南）展開決戰。劉邦以韓信為主將，統一指揮各路大軍。項羽指揮十萬楚軍，從正面向漢軍陣地猛攻。韓信採用典型的側翼攻擊戰法，令漢軍中軍稍稍後退，避開楚軍銳氣，而將兩翼展開，實行側擊，然後再令中軍推進，一下子完成了合圍。入夜，韓信令漢軍四面唱起楚歌，終使楚軍喪失鬥志，被漢軍一舉殲滅。項羽眼見大勢已去，自刎於烏江邊。歷時五年的楚漢戰爭以漢王劉邦奪得天下而告終。

韓信以項羽帳下執戟衛士的低微身分，幾年內登壇拜將，屢建奇勳，終至成為左右楚漢戰爭的一方諸侯，其用兵之道，為後世兵家所推崇。

劉邦對韓信的才能是十分佩服的。自認為「連百萬之軍，戰必勝，攻必取，吾不如韓信」，但對韓信又心懷疑懼，小心提防。他一面知人善任，提拔韓信為大將，充分發揮其才能，讓他為自己打天下；一面又防範他勢力強大。

漢高祖六年（前二〇一年），有人上書告韓信謀反，劉邦採用陳平計，偽稱巡視雲夢，約諸侯相會。劉邦駕臨時，韓信雖心存疑慮，但想到自己對漢有功無過，於是前往拜謁。劉邦以謀反罪擒拿韓信。到了洛陽，劉邦又赦免了他，但把他貶為淮陰侯。後來，呂后採用了蕭何之計，將韓信騙入宮中，韓信隨即在長樂鐘室被斬，並被夷滅三族。因此，說韓信「成也蕭何，敗也蕭何」是再恰當不過了。

劉邦「不拘一格降人才」，任人唯能，任人唯賢；蕭何富有「伯樂」精神，善於識別人才。正是他們這樣的胸襟和氣度，才得以成就了西漢王朝的輝煌偉業。

汝無面從

【名言】

予違，汝弼，汝無面從，退有後言。

——《益稷》

【要義】

弼，輔佐。無，不要。面從，當面聽從。後言，背後議論。這句話的意思是：我有了不妥當的地方，你要指出來，幫助我改正。不要當面聽從，背後又說不同意的話。

【故事】

在中國歷史上，唐初宰相魏徵以敢於向皇帝直言進諫著稱。不管什麼時候，只要唐太宗有不對的地方，魏徵就會據理力爭，進行勸說，即使唐太宗因此而大發脾氣，他也毫不畏懼，照舊慷慨陳詞。

魏徵出身卑微，少年時孤苦貧困，曾經出家做過道士。他喜歡讀書，用心鑽研古籍，學識非常豐富。隋朝末年，魏徵參加了反對隋朝暴政的起義。後來，他投靠唐高祖李淵創建的唐王朝，為太子李建成效命。由於魏徵才華出眾，因此很受太子的器重。後來，唐高祖的二兒子李世民發動「玄武門兵變」，殺死哥哥李建成。年輕而敏銳的李世民知道魏徵是個人才，便親自召見他。

李世民一見魏徵，就非常生氣地責問他：「你為什麼要離間我們兄弟的感情？」在場的大臣們都感到魏徵將有殺身之禍。可是，魏徵卻從容自若，以非常自信的口氣回答說：「如果皇太子早聽我的話，肯定不會落到今天這樣的下場。」李世民聽後，被魏徵這種不畏強權及正直的精神所感動，打從心裡欽佩他的人格。因此，不但沒有處罰他，反而重用了他。

不久，李世民即位，他就是唐太宗。唐太宗委任魏徵為諫議大夫（專門向皇帝提意見的官職），之後又提拔他當宰相。唐太宗勵精圖治，經常召見魏徵，與他討論治國施政的得失。魏徵胸懷大志，膽識超群，以實事求是的精神大膽進諫。在他任職的幾十年間，為了使唐朝民富國強，先後向唐太宗進諫了二百多次。每一回，唐太宗都慎重地思考他所提的意見，盡量採納。

有一次，唐太宗違犯他制定的十八歲成年男子才須服兵役的規定，決定徵召十六歲以上、十八歲以下、身材高大的男子從軍。命令發出以後，魏徵極力反對，唐太宗十分生氣，派人把他叫來，大加訓斥。

魏徵毫不畏懼，他十分嚴肅地進諫說：「您現在把強壯的中男都徵去服兵役，那麼，田由誰來種？您常常說，作為國君，首先要講信用，可是國家的法律明明規定，十八歲成年男子才須服兵役，您為什麼不遵守呢？您這樣做，在老百姓面前不是失去信用了嗎？」

魏徵的這一番話，把唐太宗一肚子的火氣澆滅了。他心悅誠服地對魏徵說：「先生真是我和國家的一面鏡子啊！我原先以為你太固執，不通情理，現在聽了你的話，覺得很有道理。政令前後不一，百姓不知所措，國家是無法治理得好的。」於是，唐太宗立刻下令停止徵召中男服役，還獎賞了魏徵。

唐太宗對魏徵是既賞識又敬畏的。魏徵病逝後，唐太宗悲傷地說：「一個人用銅做鏡子，可以照見衣帽是不是穿戴得端正；用歷史做鏡子，可以知道國家興亡的原因；用人做鏡子，可以發現自己做得對與不對。現在魏徵死了，我失去了最珍貴的一面鏡子。」

敢於直言勸諫的魏徵不僅為國家立下了不朽的功績，也成了以後歷朝官員效法的楷模。

民惟邦本

【名言】

民惟邦本，本固邦寧。

——《五子之歌》

【要義】

這句話的意思是：人民是國家的根本，根本鞏固了國家才能安寧。

【故事】

有一天，齊景公問大臣晏子：「你說，使人民安居樂業，鞏固一個國家的安寧，首先要除掉的最大禍患是什麼？」

晏子沉思片刻回答說：「我想，應該是土地廟裡的老鼠。」

齊景公不解地問：「此話怎講？」於是，晏子就娓娓而談。

「土地廟是人們用來供奉土地神的場所。人民為了祈求神靈保佑人間四季平安，五穀豐登，他們在修建土地廟時十分虔誠和賣力，他們首先在四周用許多木條編成一座圍牆，並且蓋上屋頂，然後抹上黃泥，使其牢固保暖，不怕風吹雨打。誰知早已被人們追打得無處藏身的老鼠發現了這一處所之後，竟成群結夥地搬進了土地廟來安營紮寨。它們不僅在廟內打洞做窩，繁衍後代，還要偷吃人們用來祭祀土地神的各種供品，鬧得四鄰八舍不得安寧。

「人們恨透了這幫害人的老鼠，總想除掉牠們，但又苦於找不到一種恰當的方法。用煙去燻老鼠洞吧，人們害怕會因此引燃了四面築牆的木條，這將使土地廟化成一片灰燼；用水去淹灌老鼠洞吧，又怕浸脫了塗在牆上的黃泥巴，從而使廟牆坍塌。由於顧慮太多，左右為難，所以土地廟裡的老鼠不僅沒能消滅，反而愈來愈多，愈來愈猖狂。」

說到這裡，晏子打量了一下齊景公的臉色，只見他正在洗耳恭聽，若有所思。於是，晏子趁機將話鋒一轉，直言道：「其實，一個國家也會有這樣害人的老鼠，他們就是那些國君所親信的小人！這些小人對國君刻意逢迎，報喜不報憂，其目的就是為了尋求庇護；而他們對待臣民百姓的態度，則是欺壓盤剝，無惡不作，仗勢橫行，不可一世。老百姓對這幫害人蟲敢怒而不敢言，因為在他們的背後有國君這頂保護傘啊！所以，我認為，要想治理好一個國家，使人民安居樂業，鞏固一個國家的安寧，首先就要國君下決心，親手除掉這些土地廟裡的老鼠！」

晏子所講的這個寓言說明，黎民百姓是社稷之本，處於底層勞動人民和君主之間的小人，危害國家和社稷的安危，他們如果得不到有效的打擊和遏制，就需要仔細查一查他們背後是不是有什麼庇護者，這樣才能政通人和，國力昌盛。

與汝偕亡

【名言】

時日曷喪，予及汝偕亡。

——《湯誓》

【要義】

曷（曷音ㄏㄜˊ），何時。喪，滅亡。

你這個太陽什麼時候能滅亡，我們寧願和你一起滅亡。這是商湯在都城亳（亳音ㄅㄛˊ）動員人民討伐無道夏桀時引用的一句民謠。這句話真實而生動地反映了人民痛恨夏桀殘暴的心情。

【故事】

湯是我國歷史上第一位革命成功的人，他是契的十四代後裔。關於契的出生有段神話，據說契的母親簡狄長得非常漂亮，被帝嚳（嚳音ㄎㄨˋ）選為妃子。有一天簡狄在河中沐浴時，天上飛過一隻燕子，口裡還銜了一枚鳥蛋，忽然蛋落在地上。簡狄把蛋拾起來，一口吞了，不久便懷了孕，產下了契。契因為幫助大禹治水有功，於是舜把商這塊土地封給他。

湯從小就聰明，長大後因為領導能力強，為人又非常寬厚，很受人民的歡迎。有一次他看到野外有個人在四面張網，並且雙手合十念念有詞道：「天靈靈，地靈靈，希望所有的鳥兒統統飛進來。」

湯聽到後說：「那怎麼可以，那所有的鳥不都被你捕光了？」於是，他走過去，告訴那個獵人只能張一面網，同時祈禱詞也得改為：「鳥啊，你想往左邊飛就往左邊飛，想往右飛便往右飛，要小心點兒可別自己尋死，掉到我的網中啊。」（成語「網開一面」即源於此）大家聽說這件事後，都豎起大拇指誇他：「湯這個人真是善良，連對禽獸都那麼仁慈！」

這時天下由夏朝的桀在統治。桀是有名的壞君主，力氣倒是不小，一個人能赤手空拳和老虎搏鬥；為人貪圖享受，對蓋皇宮、造花園最有興趣，而且到處搜集名花異草來觀賞。他又以好色著名，雖然後宮中已有三千佳麗仍嫌不夠，派人到處尋訪美女，結果真被他找到絕世佳人

——妺喜。

桀第一次看到妺喜楚楚動人的模樣，完全被迷住了。可是很糟糕的是這個美人不歡喜笑，一天到晚繃著臉。桀用盡辦法逗她，但妺喜似乎無動於衷。在一個偶然的機會中，桀發現妺喜聽到撕絹帛的聲音會露出美麗的笑容；桀立刻下令每天搬來一萬匹絹帛撕給妺喜聽，以博取她的一笑。於是人們走過宮前就聽到撕裂絹帛的聲音。

對於人民的生活，桀一點兒都不關心；相反的，他以虐待人民為樂。他有時會命令一個倒楣鬼當馬拉車，自己坐在車上過癮，還揮著馬鞭叫：「快跑！快跑！」有時又在人群中偷偷放出一隻兇猛的老虎，看到人們驚慌逃命，哭喊奔走，他樂得哈哈大笑。他還建了一個酒池，划著小舟蕩漾酒上，邊喝邊玩；並且要許多美女脫掉衣服排成隊跳舞。他這樣的荒唐享受，弄得天怒人怨，民不聊生。

老百姓對桀的作為十分痛恨，桀卻毫不以為意。他口出狂言道：「大家聽著，我就是太陽，你們沒有太陽就活不了。誰敢反抗太陽？」

百姓聽到桀的狂言，恨到極點，便群起回應道：「哎呀，你這個太陽究竟要等到什麼時候才可以死亡，我們真想早一天和你同歸於盡！」

湯是當時的一個諸侯，他在各國間主持正義，主張公道，很得人民的愛戴。但是桀的力量太強，湯不敢馬上和桀發生衝突，於是，先一步步發展國力再說。剛巧，此時他找到一位很有才能的人——伊尹為宰相。伊尹告訴湯，做天子就好比廚子燒菜，要摸清楚大家的胃口，滿足一般人的欲望，然後才能做出色香味俱全令人垂涎三尺的好菜。湯得到伊尹的輔佐，事事為人民設想，國力也一天天雄厚。

湯曾先後討伐了葛國、顧國、昆吾國等十一個政治不修明的國家，每次他先打東邊的國，西邊的人民就會埋怨：「我們運氣真壞：為什麼湯不先打我們這裡呢？他一來，大家就得救了。」依常理，沒有人民會喜歡戰爭，但是，當時大家還準備了香噴噴的飯菜迎接湯的軍隊呢。

經過多年的準備，湯已逐漸強大，最後決定與桀決一死戰。兩軍主力在鳴條相遇。這真是一場驚天動地的大戰，雙方打得天昏地暗，好不慘烈。湯的軍隊雖然士氣高昂，但武器軍備方面還是較桀的軍隊差了一截，所以很難取得勝利，甚至幾度涉於落敗的險境。最後在大多數百姓的回應、擁護、協助下，再加上將士用命，終於一舉擊敗桀的軍隊，而且打得桀落花流水，桀本人也被俘。湯便把桀流放到南巢去。這件事顯示出暴政必亡是古今不變的道理。

德日新

【名言】

德日新，萬邦惟懷；志自滿，九族乃離。

——《仲虺之誥》

【要義】

道德修養不斷進步，天下萬國就會都來歸附；意氣自滿盛氣凌人，就會眾叛親離。

這句話的含義是告誡統治者要注重自身的道德修養，以便從心理上控制人民，不要志得意滿，窮兵黷武。

【故事】

中國古代有句名言叫「攻心為上」，諸葛亮七擒七縱孟獲就是這種軍事策略的經典範例。一般來說，戰鬥的目的是消滅敵人，擒拿到主帥以後，敵軍一時不會有很強的戰鬥力，此時可乘勝追擊，打敗敵人。然而，諸葛亮考慮到孟獲在西南部落中影響很大，如果讓他心悅誠服，主動投降，就能使西南真正穩定。否則，西南各部落仍會不停侵擾，後方難以安定。於是，諸葛亮採取攻心戰，七擒七縱孟獲。

諸葛亮七擒七縱孟獲，絕非感情用事，他的最終目的是在政治上利用孟獲的影響。穩住南方，在地盤上，次次趁機擴大疆土。在軍事謀略上，有「變」、「常」二字，釋放敵人主帥，不屬常例。通常情況下，抓住了敵人不可輕易放掉，以免後患。而諸葛亮審時度勢，採用攻心之計，七擒七縱，主動權操在自己的手上，最後終於達到了目的。這說明諸葛亮深謀遠慮，隨機應變，巧用兵法，是個難得的軍事奇才。這也是諸葛亮根據三國時期南中地區多民族的社會文化背景、蜀國當時的實際情況及以上兩者之間的關係，從長遠計議，以便讓少數民族地區的軍事首領心服口服，不再與朝廷作對。諸葛亮的雄懷大略果然奏效，自此以後，數十年來，南中地區未再起兵造反。

蜀建興元年（二二三年），蜀漢先主劉備病逝，諸葛亮輔佐後主劉禪即位。南中地區（今四川大渡河以南和雲南、貴州一帶）的益州郡豪強雍闓（闓音ㄎㄞˇ）殺死益州太守，拉攏少數民族首領孟獲以及西南地區其他少數民族部落聯合起兵反蜀。

當時，蜀國剛遭到猇（猇音ㄒㄧㄠ）亭大敗和先主死亡，軍力不濟。蜀建興三年（二二五年），諸葛亮率兵南征，很快就打敗了雍闓的叛軍。

諸葛亮得知孟獲不僅驍勇善戰，而且在南中地區威望很高，就決定採取「攻心為上」的策略，讓孟獲心服口服，並把他爭取過來為己所用。於是，他下令只許活捉孟獲不許傷害。

第一次交戰，諸葛亮命王平、關索詐敗，誘使孟獲深入埋伏圈，大敗孟獲，孟獲被魏延活捉，押解來見諸葛亮。諸葛亮叫人在大帳擺上宴席，命士兵列陣嚴整以待，以示軍威。諸葛亮首先把被俘的不計其數的蠻兵放了，他們紛紛感激地離去。然後，命人把孟獲押解過來，問他：「今天我把你活捉了，你心裡服不服？」

孟獲說：「山路陡峭狹窄，我失誤闖入你的埋伏圈，當然不服氣。」諸葛亮接著說：「既然不服氣，我把你放回去，怎麼樣？」孟獲回答：「如果你放我回去，我一定重整軍隊，咱們再決一雌雄；要是你能再活捉我，我就服氣了。」諸葛亮就讓人把孟獲給放了。眾將不解其意，紛紛詢問。諸葛亮解釋說：「我活捉孟獲，就像探囊取物一樣容易；要平定南中，必須讓他心服口服。」眾將都不相信他的話。

孟獲在回去的路上，正好遇見了被諸葛亮放回去的殘兵敗將，他們問孟獲：「大王怎麼回來的？」孟獲吹噓道：「我殺死了看守我的蜀軍，並奪了一匹馬，跑回來了。」

第二次交戰，孟獲學聰明了，他憑藉瀘河的險要，把船隻全集中在南岸，並在河對面建築土城，高牆深溝，易守難攻。想這樣拖垮遠道而來的蜀軍。

諸葛亮看穿了孟獲的計謀，派平北將軍馬岱率二千軍隊從瀘河下游的一百五十里處迂迴到土城的後面，突襲孟獲。孟獲派手下董荼迎戰，董荼打不過馬岱，敗下陣來，孟獲卻懷疑他故意這麼做，想把他斬了，幸虧眾將求情，董荼被打了一百軍棍，免於一死。董荼對此忿忿不平：諸葛亮都把我們放了，孟獲卻要殺我。於是，他聯合其他將官，把醉酒酣睡的孟獲綁了，獻給諸葛亮。

諸葛亮笑著對孟獲說：「你上次說了，如果我再活捉你，你就投降，算不算數？」孟獲這次有理由了：「這是我們自相殘殺，不是你的本領，不投降。」諸葛亮說：「我如果再放你回去，怎麼樣？」孟獲說：「如果下次再讓你俘虜，我一定實心實意地投降，絕不改變。」諸葛亮就又一次放了孟獲。

第三次交戰，孟獲派其弟孟優率一百名強壯勇猛的士兵，帶著金銀珠寶等禮物詐降，以便當晚裡應外合打敗諸葛亮。諸葛亮一看來投降的人，就明白其來意，於是「熱情」地接待了他們，並在酒中下了藥，使他們不省人事。待孟獲來襲擊時，大寨裡空無一人，他們正要撤退時，諸葛亮的軍隊卻從四面合圍殺來，最終，孟獲又被活捉了。

孟獲藉口這次是自投羅網，還是不服。諸葛亮又把他放了回去。

第四次交戰，諸葛亮連棄三寨，誘敵深入，孟獲不明就裡，認為朝廷裡有急事，或者是魏國、吳國攻打蜀國，後主劉禪把諸葛亮緊急調回去了，就一直猛攻，孰料諸葛亮繞道抄了孟獲的大本營後，從後面打了過來。孟獲腹背受敵，荒不擇路，倉皇逃跑。忽然見諸葛亮在前面端坐車上，大笑道：「蠻王孟獲，我已在此等候你多時了！」仇人相見，分外眼紅，孟獲吶喊著奮力前衝，恨不得把諸葛亮連人帶車砍得粉碎，誰知衝到車前卻連人帶馬掉入了蜀軍預先挖好的陷阱裡。這下孟獲又被諸葛亮活捉了。

孟獲仍然不服，認為他是中了諸葛亮的計謀，死不瞑目，而且說如果諸葛亮敢再放他回去，他一定報四次被擒之仇，否則，他會盡獻財物，犒勞蜀軍。諸葛亮笑著把他放了。

第五次交戰，孟獲躲入南中朵思大王的禿龍洞裡，並堵塞了平坦的大路，只剩一條險峻的小山道。這裡方圓數里除了啞泉、滅泉、黑泉、柔泉外別無水源，但這四股水均有劇毒：喝了啞泉，人不能言，過不了十天就會死亡；滅泉能使人皮肉皆爛，見骨必死；喝了柔泉，人體會軟弱如綿而死。諸葛亮在高人的指點下，躲過了這四種毒泉，掘地二十餘丈才挖出能喝的甘泉。蜀軍一直逼到禿龍洞外，孟獲和朵思大王非常驚奇，驚慌失措，以為蜀軍是神兵天將。

正在這個時候，銀冶洞二十一洞主楊鋒率領他的五個兒子和三萬兵馬來援助孟獲。孟獲大喜，設宴款待楊鋒父子及其兵馬，孰料在喝酒的時候，楊鋒父子六人和他的數十個女兵把孟獲給綁了。原來，楊鋒以前也是被諸葛亮俘虜後又被釋放回來的，他就用生擒孟獲來回報諸葛亮的不殺之恩。

這次孟獲仍不服氣，說是他們自己人內訌，不是諸葛亮的本領，要殺就殺，就是不服。還說他的祖居銀坑山，地勢險要，下一次再被逮住，一定投降，而且子孫萬代，再不造反。諸葛亮又一次釋放了孟獲。

第六次交戰，孟獲得到八納洞主木鹿大王的幫助。木鹿大王訓練了一批虎豹豺狼、毒蛇猛獸，當他念起咒語、搖起鈴鐺時，這些野獸就會像士兵一樣衝鋒陷陣。諸葛亮早在隆中讀書時，就從書中得知西南少數民族有驅趕野獸為兵的戰法，因此早有準備。他把木刻彩畫的巨獸，穿上五色絨線做成的外衣，並在裡面裝上煙火。木鹿大王的真野獸衝來時，諸葛亮命令士兵點燃煙火，真野獸看見身高數倍於自己的「野獸」口吐火焰，鼻出黑煙，非常害怕，就不敢前進，往回跑去，結果衝倒孟獲的無數軍隊，蜀軍趁勢衝殺，蠻軍大敗，孟獲逃跑了。

孟獲又失敗了，再生一計，讓其妻子的弟弟捆綁著他詐降諸葛亮，並且身上藏著尖刀，以便就近殺死諸葛亮。以前有幾次是孟獲內部的人這樣做的，諸葛亮都深信不疑，他以為這次諸葛亮還會相信，誰知諸葛亮識破了他們的陰謀詭計，從他們身上搜出尖刀，孟獲又被活捉了。

孟獲認為這次是自己送上門來為由，還是不服。諸葛亮想到孟獲的老巢已經被攻破，諒他不會再有大的作為，就又一次放了孟獲。

第七次交戰，孟獲借來烏戈國的三萬藤甲兵。這藤甲是一種用藤條編織而成的鎧甲。烏戈國人採摘當地山藤，浸泡油中半年之久才取出曬乾，這樣反覆十多次，最後製成鎧甲。穿上這種鎧甲，經水不濕，過河不沉，不但輕便，而且非常堅韌，刀箭不入。藤甲兵使用利刀鋼叉為兵器，非常勇猛，極具殺傷力。

諸葛亮經過勘察地形，發現離此不遠有個盤蛇谷，形如長蛇，狹長、陡峭，光禿禿的。諸葛亮說道：天助我也！

諸葛亮命令馬岱、趙雲分別把守盤蛇谷兩個蛇口，命令魏延和藤甲兵交戰，但只許敗，不許勝，而且必須連敗十五陣，丟掉七個營寨，把藤甲兵引入盤蛇谷。魏延很不高興，但仍依計行事。

魏延且戰且敗，連敗十五陣，丟了七個營寨，把藤甲兵引入盤蛇谷。待藤甲兵中計完全進入盤蛇谷，諸葛亮命令馬岱、趙雲兩軍堵死了兩個谷口，並讓埋伏在山谷兩邊的軍士往谷裡扔乾柴和火把，點燃預先放置谷裡的連環鐵砲，三萬藤甲兵全被燒死炸死。諸葛亮從山上看到這種情景，垂淚而嘆：「我雖然對國家有功，但殺死了這麼多人，一定會短命的！」

原來，「利於水者必不利於火」，藤甲兵有一個致命的弱點：遇火就著，而且勢不可擋。諸葛亮正是利用了這一點，把刀箭不入的三萬藤甲兵燒死、炸死在狹長而陡峭的盤蛇谷內。

最後，孟獲又被活捉了，諸葛亮一開始沒有見他，命人傳話給他說：「丞相內心羞愧，不想與你相見，讓我放你回去再招兵馬決一勝負，你吃完飯後可以走了。」

孟獲非常感動，流著淚說：「七擒七縱，自古未有。我雖然身處西南邊疆，但也懂得中原禮義，難道不知道羞恥？」於是，他和妻子、兄弟等人一起來到諸葛亮面前，伏地跪拜：「丞相您有上天一般的威力，我們南人此後再也不敢造反了。」諸葛亮問他：「您現在服氣了嗎？」孟獲眼含淚水，回答說：「我子子孫孫都感謝您的再生之恩，怎麼會不服呢！」聞聽此言，諸葛亮知道孟獲是真正、徹底地服氣了，就請孟獲起來，並下令孟獲還做洞主，而且將蜀軍所佔領他們的土地全都退還。孟獲及其部下都高興得跳了起來。

諸葛亮說到做到，盡數退還孟獲土地，而且在南中地區不留一兵一卒，一官一吏。南中少數民族的人民為了表達他們對諸葛亮的感激之情，就為他設立生祠（祭祀活著的人的祠堂），一年四季祭祀他，並稱諸葛亮為慈父。在諸葛亮班師回朝的時候，各族人民都送來了金銀珠寶、戰馬、耕牛等物資以備軍用，並表示以後不再反抗朝廷。

得師者王

【名言】

能自得師者王，謂人莫己若者亡；好問則裕，自用則小。

——《仲虺之誥》

【要義】

這句話的意思是：求得賢聖為師者可以稱王天下，以為別人都不如自己的就會滅亡；好問才能充實寬裕，剛愎自用是渺小的。

【故事】

春秋戰國時期，魏國的魏惠王也想像秦孝公那樣，找一位像商鞅那樣的人才。他花了好些金錢招徠天下豪傑。當時魏國有個叫龐涓的人來求見，向他講了些富國強兵的道理。魏惠王聽了很高興，就拜龐涓為大將。

龐涓果真有點本領。他天天操練兵馬，先從附近幾個小國下手，一連打了幾次勝仗，後來連齊國也被他打敗了。自那時候起，魏惠王更加信任龐涓。

龐涓自以為是了不起的能人。可是他知道，他有一個同窗齊國人孫臏（臏音ㄅㄧㄣˋ），本領比他強。據說孫臏是吳國大將孫武的後代，只有他知道祖傳的《孫子兵法》。

魏惠王也聽到孫臏的名聲，有一次跟龐涓說起孫臏。龐涓派人把孫臏請來，跟他一起在魏國共事。哪知道龐涓存心不良，背後在魏惠王面前誣陷孫臏私通齊國。魏惠王十分惱怒，把孫臏治了罪，在孫臏的臉上刺了字，還剜掉了他的兩塊膝蓋骨。幸好齊國有一位使臣到魏國訪問，偷偷地把孫臏救了出來，帶回齊國。

齊國大將田忌聽說孫臏是個將才，把他推薦給齊威王。齊威王也正在改革圖強。他跟孫臏談論兵法後，大為賞識，相見恨晚。

周顯王十五年（前三五四年），魏惠王派龐涓進攻趙國，圍了趙國的國都邯鄲（邯鄲音ㄏㄢˊ ㄉㄢ，今河北邯鄲西南）。第二年，趙國向齊威王求救。齊威王想拜孫臏為大將，孫臏忙推辭說：「不行。我是個受過刑罰的殘廢人，當了大將，會給人笑話。大王還是請拜田大夫為大將吧。」齊威王於是拜田忌為大將，孫臏為軍師，發兵去救趙國。孫臏坐在一輛有篷帳的車子裡，幫助田忌出主意。

孫臏對田忌說：「現在魏國把精銳的兵力都集中去攻趙國，國內剩下大多是些老弱殘兵，十分空虛。咱們不如去攻打魏國大梁。龐涓聽到了，一定會放棄邯鄲，往回跑。我們在半道上等著，迎頭痛擊他一頓，一定能把他打敗。」田忌就按照這個計策去做。龐涓的軍隊已經攻下邯鄲，忽然聽說齊國打大梁去了，立刻吩咐退兵。剛退到桂陵（今河南長垣西北）地方，正碰上齊國兵馬。兩軍開仗，龐涓大敗。齊國大軍得勝而歸，邯鄲之圍也解除了。成語「圍魏救趙」就是指的這件事。

周顯王二十八年（前三四一年），魏國又派兵攻打韓國。韓國也向齊國求救。那時候，齊威王已經死了。他的兒子齊宣王派田忌、孫臏帶兵救韓國。孫臏又使出他的老法子，不去救韓，卻直接去攻魏國。龐涓得到本國的告急文書，只好退兵趕回，此時齊國的兵馬已經進入了魏國。

魏國發動大量兵力，由太子申率領，抵抗齊軍。這時候，齊軍已經退了。龐涓察看一下齊軍紮過營的地方，發現齊軍的營盤佔了很大的地方。他叫人數了數做飯的爐灶，足夠十萬人吃飯用。龐涓嚇得說不出話來。

第二天，龐涓帶領大軍趕到齊國軍隊第二回紮營的地方，數了數爐灶，只有能供五萬人用的了。第三天，他們追到齊國軍隊第三回紮營的地方，仔細數了數爐灶，只剩下兩萬人用的了。龐涓這才放了心，笑著說：「我早知道齊軍都是膽小鬼。十萬大軍到了魏國，才三天工夫，就逃散了一大半。」

他吩咐魏軍沒日沒夜地按著齊國軍隊走過的路線追上去。一直追到馬陵（今河北大名東南），當時正是天快黑的時候。馬陵道十分狹窄，路旁邊都是障礙物。龐涓恨不得一步趕上齊國的軍隊，就吩咐大軍摸黑往前趕去。忽然前面的兵士回來報告說：「前面的路被木頭堵住啦！」

龐涓上前一看，果然見道旁的樹全被砍倒了，只留下一棵最大的沒砍。細細瞧去，那棵樹的一面還刮去了樹皮，露出一條樹幹來，上面影影綽綽還寫著幾個大字，因為天色昏暗，看不清楚。龐涓叫兵士拿火來照。有幾個兵士點起火把來，趁著火光一瞧，那樹幹上面寫的是：「龐涓死於此樹下。」龐涓大吃一驚，連忙吩咐將士撤退，但已經太遲了。四周不知道有多少箭，像飛蝗似地朝魏軍射來。一時間，馬陵道兩旁殺聲震天，到處是齊國的兵士。

原來這是孫臏設下的計策，他故意天天減少爐灶的數目，引誘龐涓追上來。他算準魏兵在這個時辰到達馬陵，預先埋伏著一批弓箭手，吩咐他們只等樹下有火光，就一齊放箭。龐涓走投無路，只得拔劍自殺。齊軍乘勝大破魏軍，把魏國的太子申也俘虜了。

自此以後，孫臏的名氣傳遍了各諸侯國，他寫的《孫臏兵法》一直流傳到現在。

慎終如始

【名言】

慎厥終，惟其始。

——《仲虺之誥》

【要義】

這句名言意為：慎終如始，善始善終。不要慎於始而放縱於終。「行百里者半九十」、「功虧一簣」都是說的這一道理。

【故事】

司馬遷是西漢時期偉大的歷史學家、文學家，我國古代最偉大的歷史著作和文學著作——

《史記》一書的作者。書中保存了大量西漢及其前代的歷史資料，不僅翔實，而且可信，被譽為「信史」。然而他寫這本書的過程卻歷經坎坷，承受了精神和肉體的雙重磨難。正是因為他的不懈努力，才使得這部歷史鉅著得以產生和流傳。

司馬遷父親司馬談是漢朝的太史令。司馬遷十歲的時候，就跟隨父親到了長安，讀了不少書籍。為了搜集史料，開闊眼界，司馬遷從二十歲開始，就遊歷各地。他到過浙江會稽，看了傳說中大禹召集部落首領開會的地方；到過長沙，在汨羅江邊憑弔愛國詩人屈原；到過曲阜，考察孔子講學的遺址；到過漢高祖的故鄉，聽取沛縣父老講述劉邦起兵的情況……這種遊覽和考察，使司馬遷獲得了大量的知識，又從民間語言中汲取了豐富的養料，為司馬遷的寫作打下了重要的基礎。

後來，司馬遷當了漢武帝的侍從官，又跟隨皇帝巡行各地，還曾奉命到巴、蜀、昆明一帶視察。司馬談死後，司馬遷繼承父親的職務，做了太史令，他閱讀和搜集的史料就更多了。此時，他準備著手寫作《史記》。

可是，「天有不測風雲，人有旦夕禍福」，不久後發生的一件事使司馬遷蒙受了巨大的磨難。

太初四年（前一〇一年），漢武帝派貳師將軍李廣利帶兵三萬，攻打匈奴，打了個大敗仗，幾乎全軍覆沒。李廣利逃了回來，李廣的孫子李陵卻被匈奴逮住，投降了。李陵投降匈奴的消息震撼了整個朝廷。漢武帝把李陵的母親和妻兒都下了監獄，並且召集大臣，要他們聲討李陵的罪行。大臣們都譴責李陵不該貪生怕死，向匈奴投降。漢武帝問太史令司馬遷，聽聽他的意見。

司馬遷說：「李陵帶去的步兵不滿五千，他深入到敵人的腹地，打擊了幾萬敵人。他雖然打了敗仗，可是殺了這麼多的敵人，也可以向天下人交代了。李陵不肯馬上去死，自有他的道理，他將來一定想將功贖罪來報答皇上。」

漢武帝聽了，認為司馬遷這樣為李陵辯護，是有意貶低李廣利（李廣利是漢武帝寵妃的哥哥），勃然大怒，說：「你這樣替投降敵人的人強辯，不是存心反對朝廷嗎？」就把司馬遷下了監獄，並把司馬遷定了罪，處以腐刑（一種摧殘肉體的酷刑，割掉男子的生殖器）。司馬遷拿不出錢贖罪，只好受了刑罰，關在監獄裡。

司馬遷認為受腐刑是一件很丟臉的事，而且身子毀了，沒有用了，他幾乎想自殺。但他想到自己編寫《史記》的工作沒有完成，不能死。又想到，從前周文王被關在羑（羑音ㄧㄡˇ）里，寫了一部《周易》；孔子在周遊列國的路上被困在陳蔡，後來編了一部《春秋》；屈原遭到放逐，寫了《離騷》；左丘明眼睛瞎了，寫了《國語》；孫臏被剜掉膝蓋骨，寫了《孫臏兵法》……還有《詩經》三百篇，大都是古人在心情憂憤的情況下或者心情鬱悶、理想行不通的時候寫成的。我為什麼不利用這個時候把這部史書寫好呢？於是，他把從傳說中的黃帝時代開始，一直到漢武帝太始二年（前九五年）為止的這段時期的歷史，編寫成了一部一百三十篇、五十二萬字的鉅著《史記》。

司馬遷在他的《史記》中，對古代一些著名人物的事蹟都作了詳細的敘述。他對於農民起義的領袖陳勝、吳廣，給予高度的評價；對被壓迫的下層人物往往表示同情的態度。他還把古代文獻中過於艱深的文字改寫成當時比較淺近的文字。人物描寫和情節描述，形象鮮明，語言生動活潑。因此，《史記》既是一部偉大的歷史著作，又是一部傑出的文學著作。司馬遷出獄以後，擔任中書令。後來，終於鬱鬱不得志地死去。但他和他的著作《史記》在我國的史學史、文學史上都享有很高的地位。

懋官懋賞

【名言】

德懋懋官，功懋懋賞；用人惟己，改過不吝；克寬克仁，彰信兆民。

——《仲虺之誥》

【要義】

懋，勸勉。官，官職。德盛的人用官職勸勉他，功勞大的人用獎賞勸勉他；用別人的言論就像自己說的一樣，改正過錯不要吝惜；能寬能仁，才能昭信於民。

【故事】

一個人正視自己，就要不但看到自己的優點，而且看到自己的缺點與不足。如果一個人只

看到自己比別人好，不能認清自己的缺點，他就會盲目樂觀，孤芳自賞，以自我為中心，難與人相處，形成自傲、自負的心理，這樣就不利於心理健康，就會使自己的人際關係失衡，產生矛盾，在日常的人際關係中會常常失控，而處於失敗之地，不利於自己成長。只有勇於承認自己的缺點與錯誤，坦然接受別人的批評，並努力改掉這些缺點，才能克服自負心理，從而完善自我。現在很多孩子嬌生慣養，從小受到過多的寵愛和稱讚，聽多了好話，往往看不到自己的弱點，因此，進行自我批評教育顯得尤為必要。

唐太宗是我國歷史上一位比較開明的皇帝，能自覺地以國家法律約束自己，一旦發覺自己的做法違背了法律，還能認真進行自我檢討。

有一次，有一個叫黨仁弘的大將，在做廣州都督時，貪污了大量的錢財。這件事被告發後，主管司法的大理寺將他依法判處死刑。可是唐太宗以往很重視黨仁弘，認為他是一個非常難得的人才，捨不得殺他，於是便下了一道聖旨，取消大理寺的判決，改為撤銷職務、流放邊疆的處分。

處理之後，唐太宗心裡很不安，感到自己出於個人感情，置國家法律於不顧，做得很不應該。於是他把大臣們召到金鑾大殿，心情沉重地向大臣們檢討說：「國家的法律，皇帝應該帶頭執行，而不能出於私念，不受法律制約，失信於民。我袒護黨仁弘，實在是以私心亂國法啊。」

於是，唐太宗發佈了一道《罪己詔》，檢討說：「我在處理黨仁弘這件事上，有三大過錯：一是知人不明，錯用了黨仁弘；二是以私亂法，包庇了黨仁弘；三是獎罰不明，處理得不公正。」唐太宗向大臣宣讀後，立即下令將他的《罪己詔》向全國的臣民公佈。

唐太宗嚴於自省，維護了法律的尊嚴，為臣民們樹立了榜樣，促進了唐朝的經濟繁榮，社會穩定，文化興盛。

寬以待人

【名言】

與人不求備，檢身若不及。

——《伊訓》

【要義】

對別人不要求全責備，檢點自己好像不如別人。

【故事】

戰國時代養士盛行，有「戰國四公子」之說，他們是齊國的孟嘗君、魏國的信陵君、楚國的春申君和趙國的平原君。齊國的孟嘗君名叫田文，是齊國的貴族，為了鞏固自己的地位，他專門招收各種人才。凡是投奔到他門下來的，他都收留下來，供養他們。這種人叫做門客，也叫做食客。據說，孟嘗君門下一共養了三千個食客。其中有許多人其實沒有什麼本領，不乏一些「雞鳴狗盜」之徒，只是混口飯吃，但孟嘗君對他們從不求全責備，認為他們各有所長，自己在某些方面不如他們，每天用好酒、好肉款待他們。

當時秦昭襄王為了拆散齊楚聯盟，軟硬兼施：他對楚國用的是硬手段，對齊國用的則是軟方法。他聽說齊國最有勢力的大臣是孟嘗君，就邀請孟嘗君上咸陽來，說是要拜他為相。

孟嘗君上咸陽去的時候，隨身帶了一大幫門客。昭襄王親自歡迎他。孟嘗君獻上一件純白的狐狸皮的袍子作為見面禮。這件皮袍毛有二寸長，又細又軟，像雪一樣潔白，價值連城，舉世無雙。昭襄王知道這是很名貴的銀狐皮，高興得馬上穿起來，跑到後宮向他的寵妃燕姬炫耀。燕姬一撇嘴：「這種皮袍多的是，有什麼值得高興的？」

昭襄王驕傲地說：「狐狸要長到幾千歲，毛的顏色才會變白，這件皮袍是用狐狸腋下一片小毛做成的，妳看要用多少老狐狸？」

燕姬聽後很是驚訝。昭襄王的虛榮心得到滿足，就高興地把它藏在內庫裡。

昭襄王本來打算請孟嘗君當丞相，有人對他說：「田文是齊國的貴族，手下人又多。他當了丞相，一定先替齊國打算，這樣秦國不就危險了嗎？」昭襄王說：「那麼，還是把他送回去吧。」他們說：「他在這兒已經住了很久，秦國的情況他差不多全知道，哪能輕易放他回去呢？」昭襄王於是就把孟嘗君軟禁起來。

孟嘗君十分著急，他打聽到秦王身邊有個寵愛的妃子叫燕姬，就託人向她求救。燕姬讓人傳話說：「叫我跟大王說句話並不難，我只要一件銀狐皮袍。」

孟嘗君和手下的門客商量，說：「我就這麼一件，已經送給秦王了，哪裡還能要得回來呢？」其中有個門客在偷東西方面很有一手，就對孟嘗君說：「我有辦法，我會學狗叫，我可以混進內庫裡，把銀狐皮袍偷來。」當天夜裡，這個門客就摸黑進王宮，一邊學狗叫，騙過衛兵，一邊找到了內庫，把銀狐皮袍偷了出來。

孟嘗君把狐皮袍子送給燕姬。燕姬得了皮袍，非常高興，就勸說昭襄王把孟嘗君釋放回去。昭襄王果然同意了，發下過關文書，讓孟嘗君他們回去。

孟嘗君得到文書，急急忙忙地往函谷關跑去。他怕昭襄王後悔，就改名換姓，還把文書上的名字也改了。到了關上，正趕上半夜裡。依照秦國的規矩，每天早晨，關上要到雞叫的時候才許放人。大夥兒正在愁眉苦臉盼天亮的時候，看到孟嘗君如此著急，有個門客會學雞叫，就捏著鼻子學起公雞叫來，一聲跟著一聲，附近的公雞全都叫起來了。守關的人聽到雞叫，開了城門，驗過過關文書，讓孟嘗君出了關。

孟嘗君走後，秦昭襄王愈想愈不對勁，後悔放走孟嘗君，派人趕到函谷關，但孟嘗君已經走遠了。

勿自作孽

【名言】

天作孽，猶可違；自作孽，不可逭。

——《太甲中》

【要義】

孽，災害。違，避。逭（逭音ㄏㄨㄢˋ），逃。天災還可以躲避，自己作孽就早晚會受到懲罰，逃不掉的。

【故事】

商朝最後一個王叫做紂，史稱商紂王。紂原來是一個既聰明又勇敢的人。他早年曾經親自帶兵和東夷進行了一場長期的戰爭，由於他很有軍事才能，在作戰中百戰百勝，最後平定了東夷。在這件事上，商紂是有一定功勞的。但商紂和夏桀一樣，只知道自己享樂，根本不管人民的死活。

長期的戰爭，本來就加重了商朝人民的負擔，但他仍然沒完沒了地命令人民為他建造宮殿，他在另一個首都朝歌（今河南淇縣）造了一座富麗堂皇的「鹿台」，把搜刮得來的金銀珍寶都貯藏在裡面；他又造了一個很大的倉庫，叫做「鉅橋」，把剝削來的糧食堆積起來。他把酒倒在池裡，把肉掛得像樹林一樣。他和寵姬妲己過著窮奢極欲的生活。他還用各種殘酷的刑罰來鎮壓人民。

凡是諸侯背叛他或者百姓反對他，他就把人捉來，讓被捉的人在燒紅的銅柱上行走，掉到銅柱下的炭火裡燒死。這就是叫做「炮烙」（炮烙音ㄆㄠˊ ㄌㄨㄛˋ）的刑罰。商朝的貴族王子比干和箕子、微子非常擔心，苦苦地勸說他別這樣胡鬧下去。紂不但不聽，反而發起火來，把比干殺了，還慘無人道地叫人剖開比干的胸膛，把他的心掏出來，說要看看比干長的是什麼心眼兒。箕子裝作發瘋，總算免了一死，被罰做奴隸，囚禁起來。微子看見商朝已經沒有希望，就離開朝歌出走了。

紂的殘暴行為，加速了商朝的滅亡。這時候，在西部的一個部落卻正在一天天興盛起來，這就是周。

周本是一個古老的部落。到周文王姬昌繼位的時候，周部落已經很強大了。周文王是一位能幹的政治家。他的生活跟紂王正相反。紂王喜歡喝酒、打獵，對人民濫施刑罰。周文王則禁止喝酒，不准貴族打獵，糟蹋莊稼。他鼓勵人民多養牛羊，多種糧食。他還虛心接待一些有才能的人，因此，一些有才能的人都來投奔他。

周部落強大起來，對商朝是個很大的威脅。有個大臣在紂王面前說周文王的壞話，說周文王的影響太大了，這樣下去，對商朝不利。紂王就下了一道命令，把周文王逮住，關在羑（羑音ㄧㄡˇ）里（在今河南湯陰一帶）地方。周部落的貴族把許多美女、駿馬和奇珍異寶，獻給紂王，又送了許多禮物給紂王的親信大臣。紂王見了美女珍寶，高興得眉開眼笑，說：「光是一樣就可以贖姬昌了。」立刻把周文王釋放了。

周文王見紂王昏庸殘暴，喪失民心，就決定討伐商朝。可是他身邊缺少一位有軍事才能的人來幫助他指揮作戰。他暗暗想辦法物色這種人才。後來終於找到姜太公。姜太公是周文王的好幫手。他一面提倡生產，一面訓練兵馬。周王朝的勢力愈來愈大。周文王死了以後，他兒子姬發即位，就是周武王。周武王拜姜太公為師，並且要他的兄弟周公旦、召公奭（奭音ㄕˋ）做他的助手，繼續整頓內政，擴充兵力，準備討伐商紂。

大約在西元前十一世紀末的一年，武王聽到探子的報告，知道紂已經到了眾叛親離的地步，認為時機已經成熟，就發兵五萬，請精通兵法的姜太公主掌帥旗，渡過黃河東進。周武王的討紂大軍士氣旺盛，一路上勢如破竹，很快就打到離朝歌僅僅七十里的牧野（今河南淇縣西南）。

紂聽到這個消息，立刻拼湊了七十萬人馬，由他親自率領，到牧野迎戰。他想，武王的兵力不過五萬人，七十萬人還打不過五萬嗎？可是，那七十萬商軍有一大半是臨時武裝起來的奴隸和從東夷抓來的俘虜。他們平日受盡紂的壓迫和虐待，早就對紂恨之入骨，誰也不想為紂賣命。在牧野戰場上，當周軍勇猛進攻的時候，他們就掉轉矛頭，紛紛倒戈，大批奴隸配合周軍一起攻打商軍。七十萬商軍，一下子就土崩瓦解。姜太公指揮周軍，趁勢追擊，一直追到商都朝歌。

商紂逃回朝歌，眼看大勢已去，就躲進鹿台，放了一把火，把自己燒死了。

勿縱情欲

【名言】

欲敗度，縱敗禮，以速戾於厥躬。

——《太甲中》

【要義】

速，召。戾，罪過。放縱情欲會毀敗禮法，召罪於自身。

【故事】

隋煬帝（五六九—六一八年）的名字叫楊廣，是隋文帝的第二個兒子，也是隋朝的第二位皇帝，六〇四年—六一八年在位。開皇元年（五八一年）被立為晉王。開皇二十年（六〇〇年）

殺害他的哥哥楊勇，奪得太子位。仁壽四年（六〇四年）殺父自立為帝。他在位初期，還能繼承隋文帝遺風，勤於政事，後逐漸驕奢懈怠，不理政事，致使朝政日趨腐敗。又濫用民力，窮兵黷武，荒淫無度，終至國敗身亡。隋煬帝是中國歷史上有名的昏君，義寧二年（六一八年），他被手下大臣宇文化及等人殺害。

煬帝的書房非常豪華，其稀奇之處並不在於點燃名貴的沉香，用珠玉裝飾的書囊，而在於使用類似「機器人」式的服務。十四間書房每三間為一個單元，門垂錦幔，隱藏著形態宛若敦煌壁畫中飛天般端麗輕曼的飛仙。室外地中設置機關，每當煬帝駕臨書房，捧爐焚香先行的宮女踏動機關，飛仙便從天而降，將帷幔收攬升起，室門和書櫥門自動開啟。等到隋煬帝讀書完畢，離開書房時，屋門和書櫥門自動關閉，飛仙將帷幔垂落如故。

更有趣的是，除了可以代勞開啟收拾帷幔之類簡單勞動的飛仙外，煬帝還有木偶人充當賓客陪侍。煬帝有許多文學侍從，最合得來的一個是叫柳雲的人，早年在揚州入晉王府，兩人常在一起飲酒賦詩，談論文章。但這時煬帝當皇帝了，提拔為秘書監的柳雲不方便隨時進宮去，煬帝因為不能夜裡召來柳雲玩樂，於是命令工匠仿照柳雲的長相，刻成木偶，能夠和人一樣起坐拜伏。煬帝常在月明之夜，置酒與偶人對坐，相互敬酒取樂。

隋煬帝即位後，為了追求個人的享樂，命大臣宇文愷（愷音ㄎㄞˇ）在洛陽建造一座新的都城，叫東都。宇文愷是個高明的工程專家，他迎合煬帝追求奢侈的心理，把工程規模做得特別宏大。建造宮殿需要的高級木材石料，都是從南方地區運來的，僅一根柱子就得用上千人拉。為了造東都，每月徵發兩百萬民工，日夜不停地趕工。他們還在洛陽西面專門造了供煬帝玩賞的大花園，叫做「西苑」，周圍兩百里，園裡人造的海和假山，亭台樓閣，奇花異草，應有盡有；尤其別出心裁的是到了冬天樹葉凋落的時候，他們派人用彩綾剪成花葉，綁在樹上，使這座花園四季如春。

為了去南方遊玩，隋煬帝還命人開鑿了一條貫通南北的大運河。在建造東都的同一年，煬帝就下令徵發河南、淮北各地百姓一百多萬人，從洛陽西苑到淮水南岸的山陽（今江蘇淮安），開通一條運河，叫「通濟渠」；又徵發淮南百姓十多萬人，從山陽到江都（今江蘇揚州），把春秋時期吳王夫差開的一條「邗（邗音ㄏㄢˊ）溝」疏通。這樣，從洛陽到江南的水路交通就便利得多了。之後五年裡，煬帝又兩次徵發民工，開通運河，一條是從洛陽的黃河北岸到涿郡（今北京），叫「永濟渠」；一條是從江都對江的京口（今江蘇鎮江）到餘杭（今浙江杭州），叫「江南河」。最後，把四條運河連接起來，就成了一條貫通南北，全長四千里的大運河。這條大運河是我國歷史上偉大工程之一。它對我國經濟、文化的發展有著積極的作用。不用說，這是成千上萬老百姓用血汗甚至生命換來的。

隋煬帝特別喜歡外出巡遊，一來是遊玩享樂，二來也是向百姓擺威風。從東都到江都的運河剛剛完工，隋煬帝就帶著二十萬人的龐大隊伍到江都去巡遊。

他三下揚州乘坐的龍舟名為「水殿」，是名副其實的水上宮殿，四層樓高，上層有正殿、內殿和東西朝堂，中間兩層是用金玉裝飾的一百六十個房間，底層是太監內侍值勤居住的地方，可謂豪華至極。

隋煬帝早就派官員造好上萬條大船。出發那天，煬帝和他妻子蕭后分乘兩條四層高的大龍船，接著就是宮妃、王公貴族、文武官員坐的幾千條彩船；後面的幾千條大船，裝載著衛兵和他們隨帶的武器和帳幕。這上萬條大船在運河上排開，船頭船尾連接起來，竟有百里長。這樣龐大的船隊，怎麼行駛呢？那些專為皇帝享樂打算的人早就安排好了。運河兩岸，修築好了柳樹成蔭的御道，八萬多名民工，被徵發來為他們拉縴（縴音ㄑㄧㄢˋ），還有兩隊騎兵夾岸護送。河上行駛著光彩耀目的船隻，陸地上飄揚著五色繽紛的彩旗。一到晚上，燈火通明，鼓樂喧天，真是說不盡的豪華景象。

為了滿足船隊大批人員的享受，隋煬帝命令兩岸的百姓，替他們準備吃的喝的，叫做「獻食」。那些州縣官員，就逼著百姓辦酒席送去，有的州縣，送的酒席多到上百桌。別說煬帝吃不了那麼多，就連他帶的宮妃太監、王公大臣一起吃，也吃不完。留下的許多剩菜，就在岸邊掘個坑埋掉。可是那些被迫獻食的百姓，卻弄得傾家蕩產了。

江都在當時是個繁華的地方。隋煬帝到了江都，除了盡情遊玩享樂，還大擺威風。為了裝飾一個出巡時候用的儀仗，就花了十多萬人工，耗費的錢財更是上億論萬。這樣整整鬧騰了半年，又耀武揚威地回到東都來。

自此以後，隋煬帝幾乎每年出巡。有一次，他從陸路到北方去巡視，徵發了河北十幾個郡的民工，開鑿太行山，鋪設一條巡行的道路；為了保護他巡行的安全，又徵發了一百多萬人修築長城，限期二十天築成。這樣，他才在五十萬將士的護衛下，在北方邊境上巡行了一轉。北方沒有現成的宮殿，好在煬帝身邊的宇文愷是個巧匠，專門為他造了一個活動宮殿，叫做「觀風行殿」。這種行殿上面可以容納侍衛幾百人，使用的時候裝起來，不用的時候可以拆卸裝運；下面裝著輪子，可以隨意轉動。這在當時可算是一種發明，可惜只是供隋煬帝一個人享樂罷了。

隋煬帝建東都，開運河，築長城，加上連年的大規模巡遊，無休無止的勞役和愈來愈重的賦稅，已經把百姓壓得喘不過氣來。但是煬帝驕奢淫逸的心理卻愈來愈重了。為了炫耀武功，大業七年（六一一年），他發動對高麗的戰爭。

這一年，他從江都乘龍船，沿著大運河直達涿郡，親自指揮這場戰爭。他下令全國軍隊，不論遠近，一律向涿郡集中，還派人在東萊（今山東萊州）海口督造兵船三百艘。造船的民夫在官吏監視下，日夜在海邊造船，得不到休息。他們下半身泡在海水裡，時間一久，從腰以下都腐爛得生了蛆，許多人受不了這樣折磨，倒在海水裡死了。接著，煬帝又命令河南、淮南、江南各地督造五萬輛大車，送到高陽，給兵士運輸衣甲、帳幕；又徵發江、淮以南民夫和船隻把黎陽（今河南浚縣東南）和洛口倉的糧食運到涿郡。於是，無數的車輛，無數的船隻，不分白天黑夜，沿著陸路和運河源源不斷由南向北，形成一股滾滾洪流。幾十萬運輸物資的民夫，在半路上有不少累死、餓死，沿路都是倒斃的屍體。由於民夫死亡太多，耕牛也被徵發拉車，弄得田園荒蕪，民不聊生。

人民實在沒法忍受下去了，要想活下去，只有反抗。鄒平（今山東鄒平）人王薄，首先領導農民在長白山起義，號召大家反抗官府，接著，在山東、河北廣大地區，接二連三地發生了農民起義，最後，隋王朝在全國農民大起義的浪潮中滅亡了。隋煬帝也僅僅做了十五年的皇帝。

德無常師

【名言】

德無常師，主善為師；善無常主，協於克一。

——《咸有一德》

【要義】

克，能。一，指純一、純正。

道德修養以善為主，善者即可為師，不可能只效法一人或用一種方法；而善也沒有固定標準，關鍵是把各種善整合起來，使之成為一種純正的道德，用於自身的道德實踐。

【故事】

執政者和施政者非常注重對道德的修養，因為它不僅是領導下屬的手段，而且是最易見出成效的策略。在中國歷史上，最好的政治被儒家稱為仁政。仁政在於教化民心，征服的不是暫時的危機和困難，而是人心的向背。對領導者，這是至上的境界，而需要的卻是拋棄權術、技巧，而施之於誠懇的仁德之心。

西晉的羊祜（祜音ㄏㄨˋ），以仁德聞名，對於權臣之間的傾軋十分反感。他從政時，常向武帝推薦有德有才的人擔任高位，但每次都將起草的文書燒掉，不讓別人知曉。有人認為他過於謹慎，應該讓被提拔的人知道是誰推薦的。羊祜說道：「這是什麼話！這不是邀功取寵，期望別人對自己感恩戴德嗎？對這些，我避之唯恐不及。身為朝中大臣，不能舉薦特異之才，豈不有愧，難道要我承擔不善知人的責任嗎？像那些在朝上為公卿，出來則到私宅去接受謝恩的事，我是絕不會去做的。」

羊祜認為：知人薦賢，是為政者的責任，但如果是為了私利，為了培植勢力，那是為人所不齒的。

正是因為羊祜的仁德，後人認為他是可以與孔子的得意門徒顏回相媲美的人。

西蜀被西晉消滅以後，羊祜駐守荊州，與他對陣的是「火燒連營」的東吳名將陸遜的後代陸抗，他們既是對手，又是相互敬重的朋友。陸抗曾經稱讚羊祜說：「羊祜的德量，可與樂毅和諸葛孔明相比。」作為敵手，這種對敵方主帥的稱讚，在歷史上實屬罕見。這足以看出羊祜品德之高尚及感召力之強。

羊祜為政寬柔，為人樸實。他治理荊州，體恤民情，愛民如子，而自己又立身清儉，為民表率，所以極受敬重。他拒絕晉武帝司馬炎在洛陽為他建豪華的住宅。女婿勸他購置產業以為養老之用，他說：「作為大臣去謀私產，必要損公，這是為人臣子最要忌諱的。」

對於下屬，他與之同甘共苦，時常一身便服，與士兵交談。與吳國對抗，在互相暫時沒有併吞對方的可能時，他用仁義道德與之友好相處。西晉軍隊進入了吳國境內，收割了莊稼，他讓士兵留下價值相等的絹作為補償；在邊境打獵，遇到禽獸為吳人所傷，掉在晉國境內的，他都派部下包好送給對方。

與陸抗交戰，他從不用詭詐之計。部下提及偷襲的計策，他常顧左右而言他，把話題扯開。對手陸抗也深深敬佩其德量。有一次，他送給羊祜好酒，別人怕有毒，而羊祜飲之不疑。後來，陸抗生病，羊祜派人送去藥，並讓人告訴陸抗說這是他剛配好的藥，還沒有來得及吃，聽說陸抗得了病，先行送去。陸抗照吃不疑，並對勸誡他的人說：「羊祜不是會下毒藥的小人。」

羊祜逝去時，他從政十年的荊州一帶，人們感激他的恩德，自動罷市三天，以誌哀悼，連東吳的邊防將士，聽說他去世也潸然淚下。荊州、襄陽一帶的百姓為避諱其名字，屋室都以「門」相稱，改「戶曹」為「辭曹」，因為「屋」、「戶」與「祜」字諧音。其仁德所感，竟至於此。對一個封建臣僚來說，這當是最高的讚譽了。

羊祜這種仁德的品格，後人曾為之感慨不已。歷代詩人如陳子昂、李白、杜甫、范仲淹、蘇軾等都對這位前賢懷著深深的敬意，留下過詠唱他的詩篇。宋代歐陽修曾說：「叔子（羊祜字）以其仁，令人思之尤深。」應該說，這是真正道出了羊祜的為政本質。對於領導者，使人心神往而向之，以人格品德高尚而引人懷念，這既是一種理想，也應是一種現實的努力方向。

任人惟賢

【名言】

任官惟賢材，左右惟其人。

——《咸有一德》

【要義】

這句名言的意思是：要任用有賢、有德的人做官。

【故事】

這裡要講的是春秋戰國時期燕昭王求賢的故事。它與「買死馬骨」的故事有密切的聯繫，讓我們先來看看「買死馬骨」的故事。

古時候，有個國君，最愛千里馬。他派人到處尋找，找了三年都沒找到。有個大臣打聽到遠處某個地方有一匹名貴的千里馬，就對國君說，只要給他一千兩金子，定能把千里馬買回來。那個國君聽了很高興，就派大臣帶了一千兩金子去買。沒想到大臣到了那裡，千里馬已經得病死了。大臣想，空著雙手回去不好交代，就拿出五百兩金子，把死馬的骨頭買了回來。大臣把馬骨獻給國君，國君大發雷霆：「我要你買的是活馬，誰叫你花了錢把沒用的馬骨買回來？」大臣不慌不忙地回答：「人家聽說您肯花錢買死馬，還怕沒有人把活馬送上來？」國君聽他說的也有一定道理，就不再責備大臣。這個消息傳開以後，大家都認為那位國君真正愛惜千里馬。不出一年，四面八方紛紛送來千里馬，國君如願以償，得到好幾匹千里馬。

上面說的國君不是燕昭王，我們要說的是燕昭王求賢的故事，與上面的這個故事有關。

春秋戰國早期，燕國原本是個大國，後來到燕王噲（噲音ㄎㄨㄞˋ）在位的時候，他聽信了壞人的讒言，竟學起傳說中堯舜讓位的辦法來，把王位讓給了相國子之。因此引起了燕國的將軍們和太子平的不滿，他們就率領軍隊進攻子之，而導致燕國發生大亂。齊國藉平定燕國內亂的名義，打進燕國，燕國差點被滅掉。後來燕國軍民把太子平立為國君，奮起反抗，最後把齊國軍隊趕了出去。

太子平順理成章繼承王位，他就是燕昭王。他立志使燕國強大起來，就四處物色治國的人才，可是沒找到合適的。身邊的大臣提醒他，老臣郭隗（隗音ㄨㄟˇ）學問淵博，見多識廣，不妨找他商量一下。燕昭王就親自登門拜訪郭隗，對郭隗說：「齊國趁我們國家內亂侵略我們，這個恥辱我是忘不了的。但是現在燕國國力弱小，還不能報這個仇。要是有位賢人來幫助我報仇雪恥，我寧願伺候他。您能不能推薦這樣的人才呢？」郭隗沉吟良久，緩緩地說：「要推薦現成的人才，我也說不上，請允許我先說個故事吧。」然後，他就講了上面的這個故事。

郭隗說完這個故事，對昭王說：「大王一定要徵求賢才，就不妨把我當馬骨來試一試吧。」郭隗的意思是，可把他當作「死馬骨」，拋磚引玉，招賢上門。昭王聽了深有感悟，回去以後，馬上派人建造了一座很精緻的房子給郭隗住，還拜郭隗做老師。各國有才幹的人聽到燕昭王這樣真心實意延攬人才，紛紛趕到燕國來求見。其中最出名的是趙國人樂毅。昭王拜樂毅為亞卿，請他整頓國政，訓練兵馬，燕國果然一天天強大起來。

這時候，昭王看到齊湣（湣音ㄇㄧㄣˇ）王驕橫自大，不得人心，就對樂毅說：「現在齊王無道，正是我們雪恥的時候，我打算發動全國人馬去打齊國，你看怎麼樣？」

樂毅說：「齊國地廣人多，靠我們一個國家去打，恐怕不行。大王要攻打齊國，一定要跟別的國家聯合起來。」昭王就派樂毅到趙國跟趙惠王接上了頭，另外派人跟韓、魏兩國取得聯絡，還叫趙國去聯絡秦國。這些國家看不慣齊國的霸道，都願意跟燕國一起發兵。

周赧王三十一年（前二八四年），燕昭王拜樂毅為上將軍，統率燕、趙、韓、秦、魏五國兵馬，浩浩蕩蕩殺奔齊國。齊湣王把全國兵馬集中起來抵抗聯軍，實力也非常強大，但由於樂毅善於指揮，五國人馬士氣旺盛，把齊國軍隊打得一敗塗地，齊湣王逃回臨淄（今山東臨淄）去了。趙、韓、秦、魏的將士打了勝仗，各自佔領了齊國的幾座城，不想再打下去了。只有樂毅不肯甘休，他親自率領燕國軍隊，長驅直入，一直打下了齊國都城臨淄。齊湣王不得不出走，最後被人殺死。

樂毅為燕昭王報仇雪恨，昭王親自到前線犒勞軍隊，論功行賞，封樂毅為昌國君。

假如沒有樂毅的指揮有方，一鼓作氣，齊湣王可能東山再起，捲土重來。由此可見，千軍易得，一將難求，賢人對國家是非常重要的。

常德保位

【名言】

常厥德，保厥位；厥德匪常，九有以亡。

——《咸有一德》

【要義】

厥，其。匪，同「非」。九有，即九州，猶言天下。堅持以道德治國，才能保住君位；如果不講求德治，行為、政策、措施等反覆無常，那麼即使佔有了九州也會滅亡。

【故事】

春秋戰國時期，秦王嬴政十三歲時就即位為秦王，由於年紀太小，政權由相國呂不韋把持，一直到即位第九年、二十歲時，才發動政變，掌握實權，親理國事，並免除了呂不韋的相職，而任用尉繚、李斯等人。自西元前二三〇—前二二一年，秦王先後滅韓、魏、楚、燕、趙、齊六國，終於建立了中國歷史上第一個統一的、多民族的、專制主義的中央集權制國家——秦朝。到他五十歲時去世，一共做了十一年的皇帝。但由史料記載觀察，統一前後的秦始皇可以說是判若兩人。統一前的秦王政，勇武過人，做事積極又冷靜。但統一後的最後十年間，他變得暴躁、情緒化，並顯然地傾向神秘主義。

秦王嬴政兼併了六國，結束了戰國割據的局面，統一了中國。他覺得自己的功績比古代傳說中的三皇五帝還要大，不能再用「王」的稱號，應該用一個更加尊貴的稱號才配得上他的功績，就決定採用「皇帝」的稱號。他是中國第一位皇帝，就自稱是始皇帝。他還規定：子孫接替他皇位的按照次序排列，第二代叫二世皇帝，第三代叫三世皇帝，這樣一代一代傳下去，一直傳到千世萬世。

全國統一了，治理疆域如此廣闊的國家成了一個大問題。秦始皇決定採用郡縣制，把全國分為三十六個郡，郡下面再分縣。郡的長官都由朝廷直接任命。還將原六國貴族豪富遷至關中、巴蜀，以防止他們的復辟活動。又明令禁止民間收藏武器，銷毀沒收上來的武器，鑄造成十二個金人。國家的政事，不論大小，都由皇帝決定。據說秦始皇每天看下面送來寫在竹簡上的奏章，要看一百多斤，不看完不休息，可見他的權力是多麼集中了。

秦王政三十四年（前二一三年），秦始皇因為統一了天下，在咸陽宮裡舉行了一個慶祝宴會，許多大臣都讚頌秦始皇統一國家的功績。博士淳于越，對這些肉麻的歌功頌德頗為不滿。他首先以殷周兩王朝的長治久安，和目前的政局不穩作比較，指出癥結在於制度，唯有封建子弟並依各地需要實施分權治理，才能解決當前問題。因此他提出分封制度不能廢除，認為不按照古代的規矩辦事是行不通的。再加上秦王朝建立以來，採取了一連串鞏固政權的政策，招致了儒生們的不滿和議論。

秦始皇對他們藉古諷今、妄議國政非常不滿，也深知問題的確嚴重，乃將淳于越恢復封建制度的提案，交付廷議討論。對這件事最受不了的便是主持廷議的左丞相李斯，當年他反對封建制度，極力主張郡縣體制和中央集權。如果接受淳于越建議，便等於承認自己錯誤，不但顏面有損，自己的地位、權勢都有可能被大幅度削弱。這時候，秦始皇要聽聽他的意見。

李斯說：「五帝不相重複，三代不相沿襲，歷代統治方法因人而異。今天陛下創統一之大業，建萬世之奇功，哪裡是這批無知的儒生能理解的？」

「如今天下統一，法令劃一，這群儒生不師今而習古，以古非今，這完全是誹謗當今之政，迷惑煽動百姓。」

李斯進而提出：非秦史書皆燒之，其他先秦古籍只在朝廷收藏，民間不許收藏。如有違令不燒者，臉上刺字，罰作苦役，有敢聚眾議論者，處以暴屍之刑。秦始皇採納了李斯的建議，下達焚書令：除了醫藥、卜筮（筮音ㄕˋ）和有關種植業的書籍以外，凡是有私藏《詩》、《書》、百家言論的書籍，一概交出來燒掉；誰要是再私下談論這類書，治死罪；誰要是拿古代的制度來批評現在的制度，滿門抄斬。此令頒佈後，全國到處是焚書的濃煙烈火，許多有學術價值的書籍被付之一炬，中國歷史典籍遭到了空前的浩劫。

第二年，有兩個叫做盧生、侯生的人，在背後議論秦始皇的不是：「始皇天性剛愎自用，併吞諸侯取得天下後，更是意得欲縱，自以為功業冠古今。他重用獄吏及執法人員，雖有博士七十人，備位而已。丞相等大臣也僅接受命令，一切以皇命為主。」

「始皇喜歡以刑殺為威，天下人因為害怕犯罪，更想保持祿位，根本不敢真正盡忠。他從未聽過批評，所以日益驕橫，下面的人只好以欺瞞掩飾來取得皇上歡心。……天下事大小均取決於上，皇上每天處理公事以石（一百二十斤）計算，日夜不得休息，貪圖權勢如此，是不可能幫助他求得仙藥的……」

秦始皇得知這個情況，派人去抓他們，他們早已逃跑了。秦始皇大為惱火，再一查，又發現咸陽有一些儒生也一起議論過他。秦始皇把那些儒生抓來審問。儒生經不起拷打，又東拉西扯地供出一大批人來。秦始皇把他們都逮捕了，並親筆圈定了其中「犯法」嚴重的四百六十餘人，在國都咸陽郊區活埋，其餘犯禁的就流放到邊境去。這便是歷史上有名的「焚書坑儒」事件。

由於秦始皇的殘暴，大臣們誰也不敢勸他。他的大兒子扶蘇認為秦始皇這樣處置儒生太嚴厲，勸諫他不要這樣做。這一來，觸怒了秦始皇，命令扶蘇離開咸陽，到北方去和蒙恬一起守邊疆。

秦始皇在統一六國之後，不僅奴役百姓遠赴北疆修萬里長城，命令百姓和士兵為他自己修建豪華的阿房宮和驪山墓，還先後進行五次大規模的巡遊，在名山勝地刻石紀功，炫耀聲威。力求長生不老之藥，又派徐福率童男女數千人至東海求神仙等等，耗費了巨大的財力和人力，加深了人民的苦難。

後來，秦始皇巡遊返至平原津得病，於是作書命長子扶蘇送葬，並繼嗣帝位。行至沙丘（今河北廣宗西北），秦始皇病死。趙高勾結始皇少子胡亥和李斯，偽造遺詔立胡亥為太子，並賜扶蘇死。秦二世胡亥即位後不久，即爆發了陳勝、吳廣領導的農民大起義。中國歷史上第一個統一的封建國家，僅僅維持了十五年，就在農民起義的浪潮中滅亡了。

觀德觀政

【名言】

七世之廟，可以觀德；萬夫之長，可以觀政。

——《咸有一德》

【要義】

天子的宗廟供奉七代祖先，見到七世的宗廟，就可以看到他們的功德；一萬個人的首長，能使手下紀律嚴明，從萬夫長身上，可以看到他們的行政才能。

【故事】

漢光武帝建立東漢王朝以後，大學問家班彪曾經整理西漢的歷史。班彪有兩個兒子，分別叫班固、班超，一個女兒叫班昭，從小都跟父親學習文學和歷史。

班彪死後，漢明帝命班固做蘭台令史，繼續完成他父親所編寫的歷史書籍，就是《漢書》（一部記載西漢歷史的書）。班超曾為朝廷做抄寫工作。兄弟倆都很有學問，可是性情不同，班固喜歡研究百家學說，專心致志寫他的《漢書》。班超可不願意老伏在案頭寫東西。他聽到匈奴不斷地侵擾邊疆，掠奪居民和牲口，就扔了筆，情緒激昂地說：「大丈夫應當像張騫那樣到塞外去立功，怎麼能老死在書房裡呢！」就這樣，他決心拋棄他的案頭工作去從軍（這就是成語「投筆從戎」的由來）。

永平十六年（七三年），大將軍竇固出兵攻打匈奴，班超在他手下擔任代理司馬，立了戰功。竇固為了抵抗匈奴，想採用漢武帝的辦法，派人聯絡西域各國，共同對付匈奴。他賞識班超的才幹，派班超擔任使者到西域去。

班超帶著三十六個隨從人員先到了鄯（鄯音ㄕㄢˋ）善（在今新疆境內）。鄯善原來是歸附匈奴的，因為匈奴逼他們納稅進貢，勒索財物，鄯善王很不滿意。但是這幾十年來，漢朝顧不到西域那一帶，他只好勉強聽匈奴的命令，這次看到漢朝派了使者來，他就很殷勤地招待他們。

過了幾天，班超發現鄯善王對待他們忽然冷淡起來。他起了疑心，跟隨從的人員說：「你們看得出來嗎？鄯善王對待我們跟前幾天不一樣，我猜想一定是匈奴的使者到了這兒。」話雖這樣說，畢竟只是一種猜想。剛巧鄯善王的僕人送酒食來。班超裝作早就知道的樣子說：「匈奴的使者已經來了幾天？住在什麼地方？」鄯善王和匈奴使者打交道，本來是瞞著班超的。那個僕人被班超一嚇，以為班超已知道這件事，只好老實回答說：「來了三天了，他們住的地方離這兒三十里地。」

班超把那名僕人扣留起來，立刻召集三十六個隨從人員，對他們說：「大家跟我一起來到西域，無非是想立功報國。現在匈奴使者才到幾天，鄯善王的態度就變了。要是他把我們抓起來送給匈奴人，我們的屍骨也不能回鄉了。你們看怎麼辦？」大家都說：「現在情況危急，死活全靠你啦！」班超說：「不入虎穴，焉得虎子？現在只有一個辦法，趁著黑夜，到匈奴的帳篷周圍，一面放火，一面進攻。他們不知道咱們有多少人馬，一定驚慌。只要殺了匈奴的使者，事情就好辦了。」大家說：「好，就這樣拚一拚吧！」

到了半夜裡，班超率領著三十六名壯士偷襲匈奴的帳營。那天晚上，正趕著颳大風。班超吩咐十名壯士拿著鼓躲在匈奴的帳篷後面，二十名壯士埋伏在帳篷前面，自己跟其餘六名人順風放火。火一燒起來，十個人同時擂鼓、吶喊，其餘二十個人大喊大叫地殺進帳篷。

匈奴人從夢裡驚醒，到處亂竄。班超帶頭衝進帳篷，其餘的壯士跟著班超殺進去，殺了匈奴使者和三十多個隨從，把所有帳篷都燒了。

班超回到自己的營房裡，天剛發白。班超請鄯善王過來。鄯善王一看到匈奴的使者已被班超殺了，只好對班超表示願意服從漢朝的命令。

班超回到漢朝，漢明帝提拔班超做軍司馬，又派他到于闐（闐音ㄊㄧㄢˊ）去。明帝叫他多帶點人馬，班超說：「于闐國家大，路程又遠，就算多帶幾百人去，也不頂事。如果遇到什麼意外，人多反而礙事。」

結果，班超還是帶了原來的三十六個人到于闐去。

于闐王見班超帶的人少，接見的時候，並不怎麼熱情。班超勸他脫離匈奴，跟漢朝交好。他遲疑不定，找巫師向神請示。那個巫師本來反對于闐王跟漢朝友好，便裝神弄鬼，對于闐王說：「你為什麼要結交漢朝？漢朝使者那匹淺黑色的馬還不錯，可以拿來給我。」于闐王派國相向班超去討馬。班超說：「可以，叫巫師自己來拿吧。」

那巫師得意洋洋地到班超那兒取馬。班超也不跟他多說，立刻拔出刀來把他給斬了。接著，他提了巫師的頭去見于闐王，責聲說：「你要是再勾結匈奴，這巫師就是您日後的下場。」于闐王早就聽說班超的威名，看到這個場面，也嚇得腿軟了，直說：「願意跟漢朝和好。」

鄯善、于闐是西域的主要國家，他們結交了漢朝，別的西域國像龜茲（音ㄑㄧㄡ ㄘˊ，在今新疆庫車一帶）、疏勒（在今新疆喀什噶爾一帶）等也都跟著跟漢朝和好了。

顛木有由蘖

【名言】

矧曰其克從先王之烈，若顛木之有由蘖。

——《盤庚上》

【要義】

矧（矧音ㄕㄣˇ），況且。烈，事業。顛，倒仆。由，倒木新生的枝條。蘖（蘖音ㄋㄧㄝˋ），被砍的樹長出的新芽。這句話的意思是：更何況說能繼承先王的事業，那麼就會像倒下的樹木一樣，還可以重新發芽生長，再昌盛起來。

【故事】

呂后的名字叫呂雉，是漢高祖劉邦的皇后，所以後人稱之為呂后。她是單父（今山東單縣）人。早年其父為避仇遷居沛縣，在一次宴會上欣賞劉邦非凡的氣度，把女兒許配給他。漢高祖二年（前二〇五年），劉邦為項羽所敗，呂雉和劉邦的父母被俘，做了兩年的人質。呂后為人有謀略，漢初曾幫助劉邦殺死韓信、彭越等異姓王，為消滅分裂勢力、鞏固西漢的統一立下了功勞。

漢高祖十二年（前一九五年），劉邦去世，惠帝即位，尊呂后為皇太后，惠帝年幼軟弱，國家大權實際上被呂后執掌。漢惠帝七年（前一八八年），惠帝駕崩，少帝即位。少帝當了八年皇帝，因為他的母親被呂后殺死，對呂后有怨言，呂后就把少帝殺了，立常山王劉義為帝。呂后先後掌權達十六年，是中國歷史上三大女性統治者（呂后、武則天、慈禧）中的第一位。

漢高祖晚年的時候，寵愛戚夫人。戚夫人生了孩子，取名叫如意，被漢高祖封為趙王。漢高祖老覺得呂后所生的太子劉盈生性軟弱，怕他將來成不了大事，而如意說話做事很像自己，所以，想改立如意為太子。他曾經跟大臣們商量這件事，但大臣們都反對。漢高祖知道沒法廢掉太子，就對戚夫人說：「太子翅膀硬了，不能改立如意為太子了。」

戚夫人聽後很傷心，但也無可奈何。因為這件事，呂后很痛恨戚夫人和趙王如意。劉邦死後，太子即位為皇帝，是為漢惠帝。呂后見機會到來，便利用手中的大權，先是把戚夫人罰做奴隸，又派人把趙王如意從他的封地召回長安。漢惠帝知道太后要害死弟弟如意，就親自把如意接到宮裡，連吃飯睡覺都和他在一起，使呂太后無法下手。

有一天清晨，漢惠帝起床出外練習射箭。他想叫如意一起去，如意年輕貪睡，漢惠帝見他睡得很香，不忍叫醒他，自己出去了。等惠帝回宮，如意已經死在床上。惠帝知道弟弟是被呂后毒死的，只能抱著屍首大哭一場。

呂后殺了如意，還殘酷地把戚夫人的手腳統統砍去，並挖出她的兩眼，逼她吃了啞藥，把她扔在茅房裡。漢惠帝瞧見戚夫人被太后摧殘成這個樣子，不禁放聲大哭，還嚇得生了一場大病。他派人對太后說：「這種事不是人所能做得出來的，我雖然是太后的兒子，但沒有能力治理天下。」從此以後，漢惠帝就不敢再過問朝廷的政事，害怕有朝一日呂后對他也下毒手。

呂氏執掌政權時，首先做的就是擴張呂氏的勢力，削弱劉氏的勢力。她打算把族人分封為各地的王，於是召開重臣會議，商議此事。王陵此時是右丞相，以他的身分，不得不帶頭發表意見。對劉氏王朝忠心耿耿的王陵說道：「高皇帝宰白馬立下盟約，不是姓劉的不應該封王。」

呂太后聽了不高興，又問左丞相陳平和太尉周勃。陳平、周勃說：「高祖平定天下，分封自己的子弟為王，這當然是對的；現在太后臨朝，封自己的子弟為王，也沒有什麼不可以。」呂后聽後才轉怒為喜。

散朝以後，王陵批評陳平和周勃說：「當時和高祖歃血為盟，你們不都在場嗎？現在高祖駕崩不久，呂太后便要背約封呂氏家族為王，你們卻一口贊成，這是什麼居心？你們還有什麼臉面見地下的高祖？」

陳平和周勃說：「您別著急。當面在朝廷上和太后爭論，我們比不上您；將來保全劉家天下，安定漢室，延續劉氏的血脈，您可比不上我們了。」

呂氏容忍不了正面和他唱反調的王陵，於是，她把王陵調為幼帝的老師，削弱了王陵的勢力，而將陳平升為右丞相。不久，有人在呂后面前進讒言：「陳平身為宰相，不勤勉處理政事，整天只知飲酒作樂。」陳平聽到這個讒言後，將計就計，天天耽於酒色。呂氏知道後，心中暗笑說：「陳平不值得擔心，呂氏的天下可以穩如泰山了。」從此以後，呂后更是肆無忌憚，為所欲為，大封呂氏族人為王，陸續把她的內姪、姪孫，像呂台、呂產、呂祿、呂嘉、呂通等一一都封了王，還讓他們掌握了軍權。整個朝廷大權幾乎全落在呂家的手裡了。

呂后一家奪了劉家的權，大臣中不服氣的人不少。劉章是漢高祖的孫子，封為朱虛侯，他的妻子是呂祿的女兒，和呂后家族有親戚關係。

有一次，呂太后在朝中舉行宴會，讓劉章監督大家喝酒。劉章對太后說：「我是將門之後，請允許我按軍法來行使監督酒宴的權力。」呂后答應了。

劉章看見大家喝得熱絡，於是，他提出要為呂太后唱歌助興，呂后說：「唱吧！」劉章就放開嗓子唱了起來：「深耕穊（穊音ㄐㄧˋ）種，立苗欲疏；非其種者，鋤而去之（意思是：田要耕得深，苗要栽得疏；不是好種子，就把它鋤掉）。」呂后聽了，很不痛快。

不一會，有名呂家子弟喝醉了出去。劉章追了上去，藉口他違犯宴會規矩，把他殺了。劉章回來把這件事向呂后報告，呂后因為已經事先允許他按軍法監督酒宴，也不好當場動怒。

呂后掌權的第八年，得了重病，知道自己將不久於人世，臨死前封趙王呂產為相國，統領北軍；封呂祿為上將軍，率領南軍。並且叮囑他們說：「現在呂氏掌權，朝中大臣們都不服。我死了以後，你們一定要帶領軍隊保衛宮廷，不要出去送殯，免得被劉姓諸王殺害。」

呂后死後，兵權都在呂產、呂祿手裡。他們想發動叛亂，但是一時不敢動手。

劉章從妻子那裡知道了呂家的陰謀，就派人去告訴他哥哥齊王劉襄，約他從外面發兵打進長安來。齊王劉襄向西進兵，呂產得到這個消息，立刻派將軍灌嬰帶領兵馬去對付。

灌嬰一到滎陽，就跟部將們商量說：「呂氏統率大軍，想奪取劉家天下。如果我們向齊王進攻，豈不是幫助呂氏叛亂嗎？」

大家商量之後，決定按兵不動，還暗地裡通知齊王，要他聯絡諸侯，等待時機成熟，一起起兵討伐呂氏諸王。齊王接到通知，也就暫時按兵不動。

周勃、陳平知道呂氏要發動叛亂，就想先發制人，但是兵權在呂氏手裡，怎麼辦呢？他們想到大臣酈商的兒子酈寄和呂祿是好朋友，就派人要酈寄去勸說呂祿：「太后死了，皇帝年紀又小，您身為趙王，卻留在長安帶兵，大臣諸侯都懷疑您，對您不利。如果您能把兵權交給太尉，回到自己封地，齊國的兵就會撤退，大臣們也就心安了。」

呂祿相信了酈寄的話，把北軍交給太尉周勃掌管。周勃拿了將軍的大印，迅速跑到北軍軍營中去。向將士下了一道命令：「現在呂氏想奪劉氏的權，你們看怎麼辦？誰支持呂家的袒露右臂，支持劉家的袒露左臂。」

北軍中的將士本來都是向著劉家的，所以命令一傳下去，一下子全脫下左衣袖，露出左臂來。周勃順利地接管了北軍，把呂祿的兵權奪了過來。

呂產還不知道呂祿的北軍已落在周勃手裡，他跑到未央宮想要發動叛亂。周勃派朱虛侯劉章帶了一千多名兵士趕來，把呂產殺了。接著，周勃帶領北軍，把呂氏的勢力消滅了。到這時候，大臣們膽子就大了。他們說：「從前呂太后所立皇上不是惠帝的孩子。現在我們滅了呂氏，讓這種冒充的太子當皇帝，長大了不是呂氏一黨嗎？我們不如再在劉氏諸王中推一位最賢明的立為皇帝。」

大臣們商議的結果，認為代王劉恒在高祖的幾個兒子中，年齡最大，品格又好，就派人到代郡（治所在今河北蔚縣）把劉恒迎到長安，立為皇帝，這就是漢文帝。

呂氏一族除盡，文帝繼位後，陳平又靠他出色的政治領導能力，將國家治理得井井有條，充分顯示了他恢復劉氏基業的深謀遠慮。

力穡有秋

【名言】

若農服田力穡，乃亦有秋。

——《盤庚上》

【要義】

穡（穡音ㄙㄜˋ），收穫，泛指耕種。秋，收穫。只有像農民辛勤盡心耕作，才能有所收穫。這句話也告訴我們，不論做任何事情，要想達到目的，必須付出辛勤的勞動。

【故事】

甘蠅是古時候的一位射箭能手。他只要一拉弓射箭，將箭射向野獸，野獸就應聲而倒；將箭射向天空飛翔著的小鳥，小鳥就會頃刻間從空中墜落下來。只要見過甘蠅射箭的人，沒有哪一個不稱讚他是射箭能手的，真是箭無虛發，百發百中。

甘蠅的學生叫飛衛，他跟著甘蠅學射箭非常刻苦，幾年以後，飛衛射箭的本領趕上了他的老師甘蠅。真是名師出高徒，他射箭的本領十分高明，能夠百發百中，是遠近聞名的神箭手。

有個叫紀昌的青年，很想學得射箭的本領，就來到飛衛家拜他為師。飛衛見紀昌是個學射箭的料，就收下紀昌作徒弟。

飛衛秉承師訓，對紀昌也嚴格要求。剛開始學射箭時，飛衛對紀昌說：「你是真的要跟我學射箭嗎？要知道不下苦工夫是學不到真本領的。」紀昌表示：只要能學會射箭，我不怕吃苦，願聽老師指教。飛衛就對紀昌說：「練射箭不能怕困難，首先要練好眼力，能夠盯著一個目標看，練得眼睛一眨也不眨，才可以談得上學射箭。按照我說的，你回去練吧，練好了再來見我。」

紀昌為了學會射箭，回到家裡，仰面躺在他妻子的織布機下面，用眼睛盯著穿來穿去的梭子，一練就是一天。天天如此，月月如此，心裡想著飛衛老師對他的要求和自己向飛衛表示過的決心。要想學到真功夫，成為一名箭無虛發的神箭手，就要堅持不懈地刻苦練習。

這樣堅持練了兩年，從不間斷。終於練成即使錐子的尖端刺到了眼眶邊，他的雙眼也能一眨不眨。紀昌於是整理行裝，告別妻子高高興興地去見飛衛，紀昌告訴他自己的眼力已經練得差不多了，可以學習射箭的技術了。

飛衛聽完紀昌的報告後卻對紀昌說：「還沒有學到家呢。要學好射箭，你還必須練好眼力才行，要練到看小的東西像看到大的一樣，看隱約模糊的東西像明顯的東西一樣，練到了那個時候，你再來見我。」

紀昌又一次回到家裡，選一根最細的犛牛尾巴上的毛，一端繫上一隻小蝨子，另一端懸掛在自家的窗上，兩眼注視著吊在窗口犛牛毛下端的小蝨子。看著，看著，目不轉睛地看著。十天不到，那蝨子似乎漸漸地變大了。紀昌仍然堅持不懈地刻苦練習。他繼續看著，看著，目不轉睛地看著。

三年過去了，眼中看著那個繫在犛牛毛下端的小蝨子又漸漸地變大了，大得彷彿像車輪一樣大小了。紀昌再看其他的東西，簡直全都變大了，大得竟像是巨大的山丘了。於是，紀昌馬上找來用北方生長的牛角所裝飾的強弓，用出產在北方的篷竹所造的利箭，左手拿起弓，右手搭上箭，目不轉睛地瞄準那彷彿車輪大小的蝨子，將箭射過去，箭頭恰好從蝨子的中心穿過，而懸掛蝨子的犛牛毛卻沒有被射斷。這時，紀昌才深深體會到要學到真實本領非下苦工夫不可。

紀昌又去找飛衛，把這一成績告訴了他。飛衛聽了很為紀昌高興，甚至高興得跳了起來，並用手拍著胸脯，走過去向紀昌表示祝賀說：「你成功了。對射箭的要旨，你已經掌握了，現在我可以教你射箭的本領了。」從此，飛衛開始教紀昌怎樣拉弓，怎樣放箭。紀昌又苦苦地練了好幾年，終於成了一位像飛衛那樣百發百中的神射手。

這篇故事告訴人們：要學好本領，必須苦練基本功，必須持之以恆。只有堅持不懈地練習，才能精通。

惟舊惟新

【名言】

人惟求舊。器非求舊，惟新。

——《盤庚上》

【要義】

用人要用舊人。器物則不用舊的，愈新愈好。

這句話的主要含義強調維新、變革的思想，至今仍有教育意義。

【故事】

春秋戰國時期，在今天的河北一帶建國的是趙國，趙國原本是個小國，經過趙武靈王「胡服騎射」的改革，趙國逐漸強大起來。

趙國的國君武靈王，滿腹韜略，目光遠大，想方設法要把國家改革一番。

有一天，趙武靈王對他的臣子樓緩說：「咱們東邊有齊國、中山（古國名），北邊有燕國、東胡，西邊有秦國、韓國和樓煩（古部落名）。我們要不發憤圖強，隨時會被人家滅了。要發憤圖強，就得好好來一番改革。我覺得咱們穿的長袍大褂，戰鬥時很不方便，不如胡人（泛指北方的少數民族）短衣窄袖靈活。另外，我們打仗全靠步兵，或者用馬拉車，不會騎馬打仗，在機動靈活方面趕不上胡人。因此，我們不但要學胡人的穿著，還要學胡人的騎馬射箭。首先，我打算仿照胡人的風俗，改變服裝，你們看怎麼樣？」

樓緩聽了很贊成，說：「咱們仿照胡人的穿著，也能學習他們打仗的本領了。」

武靈王說：「對啊！」

武靈王的想法傳出去以後，不少大臣反對他的這種改革，他們認為長袍大褂是自己的傳統服飾，體現了趙國的威儀。武靈王就請教另一位大臣肥義：「我想用胡服騎射來改革咱們國家的風俗，可是大家反對，怎麼辦？」

肥義也很贊成趙武靈王的想法，就鼓勵他說：「要做大事不能猶豫，猶豫就成不了大事。大王既然認為這樣改革對國家有利，何必怕大家反對？」

武靈王聽了很高興，說：「我看反對我的都是些愚蠢的人，贊成我的都是聰明的人。」

第二天上朝的時候，武靈王穿著胡人的服裝出來。大臣們見到他短衣窄袖的穿著，都嚇了一跳。武靈王把打算改穿胡服的事向大家講了，可是大臣們總覺得這件事太丟臉，不願這樣做。武靈王有個叔叔公子成，是趙國一位很有影響力的老臣，頭腦十分頑固。他聽到武靈王要改服裝，就乾脆裝病不上朝。

武靈王下了決心，非實行改革不可。他知道要推行這個新辦法，首先要打通他那老叔叔的思想，就親自上門找公子成，跟公子成反覆地講穿胡服、學騎射的好處。公子成終於被說服了。武靈王立即賞給公子成一套胡服。大臣們一見公子成也穿起胡服來了，沒有話說，只好跟著改了。

武靈王看到條件成熟，就正式下了一道改革服裝的命令。過了不久，趙國人不分貧富貴賤，都穿起胡服來了。有的人起初覺得有點不習慣，後來漸漸覺得穿了胡服，實在方便得多。

武靈王接著又號令大家學習騎馬射箭。不到一年，訓練了一支強大的騎兵隊伍。周赧王十年（前三〇五年），趙武靈王親自率領騎兵打敗臨近的中山，又收服了東胡和附近幾個部落。到了實行胡服騎射的第七年，中山、東胡、樓煩都被收服了，還擴大了許多土地。

燎原之火猶可滅

【名言】

若火之燎於原，不可向邇，其猶可撲滅。

——《盤庚上》

【要義】

大火燎原，不可接近，仍然可以撲滅。意思是任何強大的困難，經過努力，都是可以克服的。商代盤庚遷殷時，要貴族們不要聽浮言；流言蜚語不可信，是可以杜絕禁止的。他就說了這句話。

【故事】

北魏自從太武帝死去後，政治腐敗，鮮卑貴族和大商人壓迫人民，不斷引起北方人民的反抗。北魏延興元年（四七一年），魏孝文帝即位，他是一位政治上有作為的皇帝。他認為要鞏固魏朝的統治，一定要吸收中原的文化，改革一些落後的風俗。為此，他決心把國都從平城（今山西大同東北）遷到洛陽。

孝文帝怕大臣們反對遷都的主張，先提出要大規模進攻南齊。當他在朝廷上把這個想法提出來後，大臣紛紛表示反對，尤其是任城王拓跋澄。孝文帝對他發火說：「國家是我的國家，你想阻撓我用兵嗎？」

拓跋澄反駁說：「國家雖然是陛下的，但我是國家的大臣，明知用兵危險，哪能不講。」

孝文帝想了一下，就宣佈退朝，回到宮裡，他單獨召見拓跋澄，跟他說：「老實告訴你，剛才我向你發火，是為了嚇唬大家。我真正的意思是覺得在平城不適宜進行改革，現在我要移風易俗，非得遷都不行。這回我出兵伐齊，實際上是想藉這個機會，帶領文武官員遷都中原，你看怎麼樣？」

拓跋澄恍然大悟，對此非常贊同，馬上同意魏孝文帝的主張。

北魏太和十七年（四九三年），孝文帝親自率領三十多萬步兵和騎兵從平城出發南下。到了洛陽的時候，正好碰到秋雨連綿，足足下了一個月，到處道路泥濘，行軍非常困難。但是孝文帝仍舊戴盔披甲騎馬出城，下令繼續進軍。大臣們本來不想出兵伐齊，趁著這場大雨，又出來阻攔。孝文帝嚴肅地說：「這次我們興師動眾，如果半途而廢，豈不是讓後人笑話。如果不能南進，就把國都遷到這裡，諸位認為如何？」大家聽了，面面相覷，沒有說話。孝文帝接著說：「不能再猶豫不決了。同意遷都的往左邊站，不同意的站在右邊。」

一個貴族說：「只要陛下同意停止南伐，那麼遷都洛陽，我們也願意。」許多文武官員雖然不贊成遷都，但是聽說可以停止南伐，就目前的情況，也都只好表示擁護遷都了。

孝文帝把洛陽這邊安排好了，又派任城王拓跋澄回到平城去，向那裡的王公貴族，宣揚遷都的好處。後來，他又親自到平城，召集貴族老臣，討論遷都的事。平城的貴族中反對的還不少。他們搬出一條條理由，都被孝文帝駁倒了。最後，那些人實在講不出道理來，只好說：「遷都是大事，到底是凶是吉，還是卜個卦吧。」

孝文帝說：「卜卦是為了解決疑難不決的事。遷都的事，已經沒有疑問，還卜什麼。要治理天下的，應該以四海為家，走南闖北，哪有固定不變的道理。再說我們上代也遷過幾次都，為什麼我就不能遷呢？」貴族大臣被駁得啞口無言，遷都洛陽的事，就這樣決定下來了。

孝文帝把國都遷到洛陽以後，決定進一步改革舊的風俗習慣。有一次，他跟大臣們一起議論朝政。他說：「你們看是移風易俗好，還是因循守舊好？」

咸陽王拓跋禧說：「當然是移風易俗好。」

孝文帝就說：「那麼我要宣佈改革，大家可不能違背。」

接著，孝文帝就宣佈幾條法令：改說漢語，三十歲以上的人改口比較困難，可以暫緩，三十歲以下、現在朝廷做官的，一律要改說漢語，違反這一條就降職或者撤職；規定官員改穿漢人的服裝；鼓勵鮮卑人跟漢族的士族通婚，改用漢人的姓。北魏皇室本來姓拓跋，從那時候開始改姓為元。魏孝文帝名元宏，就是用了漢人的姓。

魏孝文帝大刀闊斧的改革，使北魏政治、經濟有了較大的發展，也進一步促進了鮮卑族和漢族的融合。

木從繩則直

【名言】

木從繩則正，后從諫則聖。

——《說命上》

【要義】

后，君王。

木工只有服從準繩，才能使木頭加工得直；帝王只有從諫如流，才能聖明。

【故事】

戰國時期，齊威王聽從鄒忌的建議，不再沉湎於聲色犬馬之中，勵精圖治，使齊國逐漸強盛起來。齊威王對此十分高興，人們也都稱讚齊威王的功績，齊威王聽得有點飄飄然了，對於不同意見也就有些聽不進去了。鄒忌很是著急，就想方設法糾正齊威王這個壞毛病。

一天早上，鄒忌穿好衣服照鏡子，對他的妻子說：「我和城北的徐公誰俊美？」他的妻子說：「您俊美極了，徐公哪裡比得上您呀！」

城北的徐公，是齊國的美男子。鄒忌自己信不過，就又問他的妾說：「我和城北徐公誰俊美？」

妾說：「徐公哪裡比得上您呢！」

有位客人來求鄒忌辦事，鄒忌跟他坐著聊天，問他道：「我和徐公誰俊美？」

客人說：「徐公不如您俊美啊。」

有一天，徐公來訪，鄒忌仔細地端詳他，認為自己不如他俊美；再照著鏡子看自己，更覺得相差太遠。晚上躺在床上反覆考慮這件事，終於明白了：「我的妻子讚美我，是因為偏愛我；妾讚美我，是因為害怕我；客人讚美我，是因為有求於我。」

於是，鄒忌去見齊威王說道：「大王，我有件事，想了很久也沒想通。」

齊威王笑著說：「你還有什麼事情想不通的，說給我聽聽。」

鄒忌說：「徐公是咱們齊國的美男子，這是人人皆知的。妻子卻說我比徐公俊美。我又問我的妾，妾也說我比徐公俊美許多。我心中有些沾沾自喜。前天有個客人來求我辦事，說我比徐公俊美。我聽了這話，心中十分高興。昨天，徐公到我家來作客，我仔細看了看他，又照鏡子端詳了一下自己，對比一看，徐公確實比我俊美。您說明明徐公比我好看，為什麼客人、妻、妾都說我比徐公俊美呢？」

齊威王想了想說：「不知道。」

鄒忌說：「我想了一晚上才明白，我的客人說我俊美，是因為他有求於我；我的妻子說我俊美，是因她對我有偏愛；妾說我俊美，是因為她怕我。他們都是為了討好我呀！」

威王聽了，點點頭說：「你說得對，聽了別人的好話，是得考慮考慮，不然就容易受蒙蔽，分不清是非。」

鄒忌又說：「那麼，大王，我看您受的蒙蔽比我還深呀！」

威王臉一沉：「你這是什麼意思？」

鄒忌不慌不忙地說：「大王，您想，現在齊國是方圓幾千里的大國，僅城邑就有一百二十多個，王宮裡的美女誰不偏愛大王？朝廷上的大臣哪個不怕大王？天下各國哪個不有求於大王？他們為了討好您，在您面前盡說些好話，由此看來，受的蒙蔽是很深的呀！」

齊威王聽了鄒忌的一番話，恍然大悟地說：「對啊！你說得太好了，要不是你提醒我，會耽誤國家大事的！」於是，他立即下了一道命令：今後不管是朝中大臣還是邊地百姓，能夠當面指出我的缺點錯誤的，給頭等獎；書面向我提意見的，給中等獎；即使是在背後議論我的過錯，只要我知道了，也給下等獎。命令一貼出，開頭的那些日子，有好多人來給威王提意見，收到提意見的信也很多。齊威王一一聽取，認真改進，糾正了許多毛病，過了些日子，就沒有那麼多意見好提了。

鄒忌覺得光是讓人提意見還不夠，還得進行實地考察，才能真正瞭解到那些貪贓枉法的官吏，從而懲治他們，以告誡其他官吏廉潔地為百姓辦事，為齊威王效力。

有一次，鄒忌向朝中大臣們瞭解地方官吏的情況，許多大臣都說阿城縣令好，即墨縣令壞。鄒忌把這個情況告訴了威王，請他暗地裡派人去調查。不多久，調查的人回來了，把實際情況向威王作了報告。威王就下令召阿城和即墨的兩位縣令入朝。

那一天，威王先讓人在大殿裡擺好黃金綢緞，還擺了一口大鍋，燒了一鍋開水。然後把文武百官都召集到大殿裡來。眾大臣們都猜想今天即墨縣令要挨懲罰，阿城縣令會被重賞了。只見威王先把即墨縣令召上前來，對他說：

「自從你到即墨做縣令，這些年來，常常有人來告你的狀，說你把即墨治理得一團糟。但我派人到你那裡去調查，見莊稼長得整齊茂盛，官吏們辦事認真盡職，百姓安居樂業，這都是你治理得好呀。可是因為你不向我左右的大臣行賄送禮，得罪了他們，所以他們才總是說你的壞話。我要是不派人去實地調查，豈不是要冤枉你這樣一位好縣令了嗎？現在，我把這堆黃金綢緞獎賞給你，表示對你工作的獎勵。」

大臣們聽了個個面面相覷，身上的冷汗一個勁地往外冒。

這時，只聽威王大喝一聲：「把阿城縣令帶上來。」他指著這位縣令說：「自從你到阿城，有許多大臣對我說，你把阿城治理得很好。我派人去調查，只見那裡土地荒蕪，百姓面黃肌瘦，許多人到外地逃荒行乞，趙國打進來了，你也不管，就只知道賄賂買通我身邊的大臣，讓他們替你說好話。全國縣令都像你這樣，齊國不就完了嗎？來人哪！把他給我煮了！」幾個兵士衝上來，把阿城縣令扔到沸水鍋裡去了。

齊威王又對朝中那些只顧貪贓枉法、顛倒黑白的大臣說：「我在朝中，外面的情況全靠你們提供，你們是我的耳目。可是你們竟然昧著良心，把好的說成壞的，壞的說成好的，這不是顛倒黑白嗎？大臣們要都像你們這樣，我們齊國的天下遲早要被別人奪去。來人呀！把他們也給我煮了！」這幫大臣嚇得跪在地上直求饒。威王氣呼呼的，終究還是挑了幾個罪大惡極的大臣，扔到鍋裡煮了。

從此，齊國的貪官污吏們收斂多了，而真正賢明而有才能的人，都願來為齊威王效力。齊威王在國內進行了一連串的整頓和改革，使齊國國富兵強，成為戰國七雄之一。楚、魏、韓、趙、燕等國都先後派使者來祝賀，尊稱齊威王為霸主。

明哲作則

【名言】

知之則明哲，明哲實作則。

——《說命上》

【要義】

瞭解事物才能明智，明智才能制定解決問題的辦法。

【故事】

三國時期，西南南中一帶的少數民族將領孟獲起兵反抗朝廷，諸葛亮率兵平反。一連打了六仗，諸葛亮均生擒孟獲，但都把孟獲放走了。最後一次孟獲搬來了強大的援軍——烏戈國的藤甲兵，讓諸葛亮頗費一番周折。

孟獲一連敗了六次，非常喪氣，就召集部下商議下一步怎樣戰鬥。有人提議說：「現在只有一個國家能破蜀軍。」

孟獲高興地問：「哪個國家？」

那人回答說：「離這裡東南七百里處，有一個國家，名叫烏戈國。國主兀突骨，身高一丈二尺，不吃五穀雜糧，卻以生蛇惡獸為食；身穿藤甲，刀箭不入。他手下的士兵，也都穿藤甲。那些藤長在山澗之中，盤於石壁之上，烏戈國人採摘下來，把它浸在油中，半年後才取出來曬乾；曬乾後再浸入油中，這樣經過十餘遍，才造成藤甲。穿在身上，經水不濕，渡江不沉，刀箭不入，因此號為藤甲軍。現在大王可前往請求他們的援助。如果得到他們的幫助，就能生擒諸葛亮。」孟獲大喜，就直接到烏戈國，來見兀突骨。

孟獲來到烏戈國的山寨，拜見國王兀突骨，並告訴他被諸葛亮六擒六縱的事。兀突骨說：「我動員藤甲軍，為你報仇。」孟獲高興地感謝他。於是兀突骨率領三萬藤甲軍，向蜀軍陣地開發。走到一條名叫桃花水的河邊，兩岸有桃樹，經年落葉於水中，若別國人飲了這裡的水都會死亡，只有烏戈國人喝了倍添精神。兀突骨兵就在桃花渡口安下營寨。

第二天，兀突骨帶領一隊藤甲軍衝過河來，蜀國大將魏延率兵出迎。蜀兵用弩箭射到藤甲之上，都落在地上；刀砍槍刺，也不奏效。蠻兵卻使用利刀鋼叉，蜀兵抵擋不住，敗下陣來。

蠻兵也不追趕，直接回去。魏延又返回到桃花渡口，只見蠻兵帶甲渡河，有的將藤甲脫下，坐在藤甲上過河。魏延急忙回到蜀軍大寨，把這種情況仔細地稟告諸葛亮。諸葛亮請謀士呂凱向當地人打聽。呂凱回來說：「烏戈國軍有藤甲護身，刀槍不入；又能喝桃花水，其他國家的人喝了立即死亡，烏戈國人喝了，反而倍添精神。這樣的地方，即使大獲全勝，又有什麼好處呢？不如早早班師回朝。」

諸葛亮笑著說：「我們到這一步不容易，不能隨便離去！我明天自有辦法。」於是命令趙雲幫助魏延守寨，不要輕易出戰。次日，孔明讓當地人領路，乘小車到桃花渡口北岸僻靜處，觀察地形。只見山險嶺峻，車不能行，孔明棄車步行。忽然到了一個山頂，往下看見一處山谷，形如長蛇，兩旁都是光禿禿的石壁，沒有樹木，中間有一條大路。

孔明問當地人：「這個山谷叫什麼名字？」

當地人回答：「此處名為盤蛇谷。」

孔明大喜道：「天助我也！」

回到山寨，諸葛亮叫來馬岱吩咐說：「給你黑油櫃車十輛，要用一千條竹竿，把黑油櫃裡面的東西……同時率領士兵去把守住盤蛇谷兩頭。以半個月為限，把一切準備好。倘有走漏，定按軍法處置。」馬岱領計而去。又對趙雲吩咐說：「你去盤蛇谷後面，把守住谷口。」趙雲也領計而去。對魏延吩咐說：「你要率領一部分士兵去桃花渡口營寨。如果蠻兵渡過河水來挑戰，你一定要丟棄營寨，向白旗處敗退。限半個月內，連輸十五陣，棄七個營寨。假如輸了十四陣，就不要來見我了。」魏延心中不高興，但也領了命令去了。諸葛亮另外又給張翼、張嶷、馬忠等人下了命令，各人都依計而行。

這邊孟獲與烏戈國主兀突骨商議：「諸葛亮雖然足智多謀，但不過是埋伏罷了，今後交戰，只要看見山谷中林木多的地方，不要輕易進入。」

兀突骨說：「大王說得有理。我已經知道蜀軍多行詭計，今後就這麼辦。我在前面廝殺；你在背後壓陣。」

忽然有士兵來報蜀軍在桃花渡口北岸立起營寨。兀突骨立即率領藤甲軍渡過河，來與蜀兵交戰。不一會兒，魏延假裝敗退。蠻兵害怕有埋伏，不去追趕。第二天，魏延又建立了營寨。蠻兵看見，又率領軍隊渡過河來戰。魏延出兵迎敵，又假裝敗退。蠻兵追殺十餘里，見四下並無動靜，便在蜀寨中住下。

第三天，兀突骨試探著率領軍隊大幅進攻，將魏延追了一陣。蜀兵都丟盔棄甲而逃。只要看見前面有白旗，魏延就向前面敗退，兀突骨率兵追到，魏延就棄寨而走。蠻兵得了蜀寨。就這樣，魏延且戰且走，已敗十五陣，連棄七個營寨，蠻兵跟著追殺。

兀突骨在前面破敵，忽然看見林木茂盛的地方，就不敢前進了。命令士兵打探，看見樹蔭下旌旗招展。兀突骨對孟獲說：「果然不出大王所料。」

孟獲大笑曰：「諸葛亮現在被我識破了！您連勝了他十五陣，奪了七個營寨，蜀兵望風而逃。諸葛亮已經是計窮；只要再進攻就大功告成！」

兀突骨大喜，就不再考慮什麼埋伏不埋伏了。到了第十六天，魏延領軍與藤甲軍對戰，兀突骨一馬當先，手指魏延大罵，魏延撥馬便走，後面蠻兵如潮水般湧來。魏延率領軍隊轉過了盤蛇谷，向白旗的方向前進。兀突骨隨後追殺。兀突骨望見山上並無草木，料無埋伏，放心追殺。趕到谷中，見數十輛黑油櫃車擋在路中。蠻兵報告說：「這是蜀兵運糧道路，因為我們打進來，他們撇下糧車跑了。」

兀突骨大喜，催兵追趕。快要到谷口的時候，不見蜀兵，只見橫木亂石滾下，壘斷谷口。兀突骨令士卒開路而進，忽然見前面裝滿乾柴的大小車輛都起火了。兀突骨連忙退兵，只聽見軍隊喊叫，谷口已被乾柴壘斷，車中原來皆是火藥，一齊燒著。兀突骨連忙命令開路而前進，正在這時，只見山上兩邊亂丟火把，火把到處，地下埋的火藥引線都點著了，引燃預先埋好的鐵砲。滿谷中火光亂舞，藤甲只要遇到火，沒有不著的。兀突骨的三萬藤甲軍，燒得面目全非，死於盤蛇谷中。

諸葛亮在山上往下看時，只見蠻兵被火燒得縮成一團，大半被鐵砲打得頭臉粉碎，皆死於谷中，臭不可聞。諸葛亮不禁流下痛惜的眼淚，心疼地說：「我雖然有功於國家，但是注定必是短命！」諸葛亮身邊的將士，無不感慨。

孟獲在寨中，正等蠻兵回報。忽然千餘人笑著來見：「烏戈國兵與蜀兵大戰，將諸葛亮圍在盤蛇谷中了。特請大王前去接應。我等皆是本族之人，不得已而投降蜀軍；今知大王來到，特來助戰。」孟獲大喜，立即率領兵馬出發。剛到盤蛇谷，只見火光沖天，臭氣難聞，才知中計，急退兵時，左邊張嶷，右邊馬忠，兩路軍殺出。孟獲命令士兵抵抗，忽然一聲吶喊，原來蠻兵中大多數是蜀兵，將蠻兵都擒住了。孟獲只好單槍匹馬殺出重圍，向山間小道逃走。

正走之間，見山坳裡一簇人馬，擁出一輛小車；車中端坐一人，綸巾羽扇，身穿道袍，正是諸葛亮！孟獲急忙往回走。馬岱攔住去路，孟獲措手不及，被馬岱生擒活捉了。此時王平、張翼已率領另一支軍隊趕到孟獲寨中，將祝融夫人和孟獲一家老小都活捉了。

諸葛亮回到寨中，對眾將說：

「我用這個計策，是迫不得已，大損陰德。我想敵人必算計到我會在林木多處埋伏，我卻空設旌旗，實際上沒有兵馬，這樣做是引起他們的懷疑；我命令魏延連輸十五陣，是堅定他們前進的信心。我見盤蛇谷中只有一條路，兩壁都是光禿禿的石頭，沒有樹木，下面淨是沙土，於是就命令馬岱將黑油櫃安排於谷中，車中油櫃內，都是預先造下的火砲，名曰『地雷』，一砲中藏九砲，三十步埋之，中用竹竿通節，內藏火藥引線；只要引著，山崩石裂；我又命令趙雲預備草車，安排於谷中，又在山上準備樹木亂石，命令魏延騙兀突骨的藤甲軍進入山谷，然後放出魏延，切斷藤甲後路。我聽說：『利於水者必不利於火。』藤甲雖刀槍不入，但因為它們是油浸的東西，所以見火必著。蠻兵如此厲害，不用火攻怎麼能取勝？但讓烏戈國損失如此慘重，是我的罪過！」

眾將安慰諸葛亮說：「丞相足智多謀，鬼神莫測！不必為此悲傷。」

有備無患

【名言】

惟事事乃其有備，有備無患。

——《說命中》

【要義】

唯，只有。任何事情只要有準備，就不會產生禍患。

【故事】

自從孟嘗君當了齊國的相國，名聲大振，投奔到他門下的食客就更多了。他把門客分為幾等：頭等的門客出去有車馬，一般的門客吃的有魚有肉，至於下等的門客，就只能吃粗茶淡飯了。

有個名叫馮諼（諼音ㄒㄩㄢ）的人，窮苦得活不下去，投到孟嘗君門下來做食客。孟嘗君問管事的：「這個人有什麼本領？」管事的回答說：「他說沒有什麼本領。」孟嘗君笑著說：「把他留下吧。」管事的懂得孟嘗君的意思，就把馮諼當作下等門客對待。

過了幾天，馮諼靠著柱子敲敲他的劍哼起歌來：「長劍呀，咱們回去吧，吃飯沒有魚呀！」管事的報告孟嘗君，孟嘗君說：「給他魚吃，照一般門客的伙食辦吧！」

又過了五天，馮諼又敲打他的劍唱起來：「長劍呀，咱們回去吧，出門沒有車呀！」孟嘗君聽到這個情況，又跟管事的說：「給他備車，照上等門客一樣對待。」

又過了五天，孟嘗君又問管事的，那位馮先生還有什麼意見。管事的回答說：「他又在唱歌了，說什麼沒有錢養家呢。」孟嘗君問了一下，知道馮諼家裡有個老母親，就派人給他母親送了些吃的穿的。這一來，馮諼果然不再唱歌了。

孟嘗君養了這麼多的門客，管吃管住，光靠他的俸祿是遠遠不夠花的。他就在自己的封地薛城（今山東滕州東南）向老百姓放債收利息，來維持他家巨大的耗費。

有一天，孟嘗君派馮諼到薛城去收債。馮諼臨走的時候，向孟嘗君告別，問：「回來的時候，要買點什麼東西來？」孟嘗君說：「你自己看著辦吧，看我家缺什麼就買什麼。」

馮諼到了薛城，把欠債的百姓都召集來，叫他們把債券拿出來核對。老百姓正在發愁還不起這些債，馮諼卻當眾假傳孟嘗君的決定：還不起債的，一概免了。老百姓聽了將信將疑，馮諼乾脆點起一把火，把債券全部燒掉了。馮諼趕回齊國都城臨淄，把收債的情況原原本本告訴孟嘗君。孟嘗君聽了十分生氣：「你把債券都燒了，我這裡三千人吃什麼！」

馮諼不慌不忙地說：「我臨走的時候您不是說過，這兒缺什麼就買什麼嗎？我覺得您這兒別的不缺，缺的是老百姓對您的情義，所以我把『情義』買回來了。」

孟嘗君聽後很不高興地說：「算了吧！」

後來，孟嘗君的聲望愈來愈大。秦昭襄王聽到齊國重用孟嘗君，很擔心，暗中打發人到齊國去散佈謠言，說孟嘗君收買民心，眼看就要當上齊王了。齊湣王聽信這些話，認為孟嘗君名聲太大，威脅他的地位，決定收回孟嘗君的相印。孟嘗君被罷了相，只好回到他的封地薛城去。

這時候，三千多門客大都散了，只有馮諼跟著他，替他駕車上薛城。當他的車馬離薛城還有一百多里的時候，只見薛城的百姓，扶老攜幼，都出城來迎接。孟嘗君看到這番情景，非常感動，對馮諼說：「你過去替我買的『情義』，我今天終於看到了。」

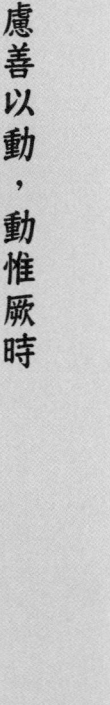

慮善以動，動惟厥時

【名言】

慮善以動，動惟厥時。有其善，喪厥善；矜其能，喪厥功。

——《說命中》

【要義】

厥，其。考慮好了再行動，行動要選擇好時機。自己有擅長而自誇，事情就不能做好；自恃其能，就不能成功。

【故事】

周莊王十三年（前六八四年），齊桓公派兵進攻魯國。魯莊公認為齊國一再欺負他們，忍無可忍，決心跟齊國拚一死戰。

齊國進攻魯國，也激起了魯國人民的憤慨。有個魯國人曹劌（劌音ㄍㄨㄟˋ），準備去見莊公，要求參加抗齊的戰爭。

有人勸曹劌說：「國家大事，有當大官的操心，您何必去插手呢？」

曹劌說：「當大官的目光短淺，未必有好辦法。國家危急，作為國民，哪能不管呢？」說完，他直接走到宮門前求見魯莊公。莊公正在為沒有個謀士發愁，聽說曹劌求見，連忙把他請進來。

曹劌見了莊公提出了自己的要求，並且問：「請問主公憑什麼去抵抗齊軍？」

莊公說：「平時有什麼好吃好穿的，我沒敢獨佔，總是分給大家一起享用。憑這一點，我想大家會支持我。」

曹劌聽了直搖頭，說：「這種小恩小惠，得到好處的人不多，百姓不會為這個支持您。」

莊公說：「我在祭祀的時候，是很虔誠的。」

曹劌笑笑說：「這種虔誠也算不了什麼，神幫不了您的忙。」

莊公想了一下，說：「遇到百姓吃官司的時候，我雖然不能一件件查得很清楚，但是盡可能處理得合情合理。」

曹劌才點頭說：「這倒是件得民心的事，我看憑這一點可以和齊國打上一仗。」

曹劌請求跟魯莊公一起上陣，莊公看曹劌胸有成竹的樣子，也巴不得他一起去。兩個人坐著一輛戰車，帶領人馬出發。

齊魯兩軍在長勺（今山東萊蕪東北）擺開陣勢。齊軍仗著人多，一開始就擂響了戰鼓，發動進攻。莊公也準備下令反擊，曹劌連忙阻止，說：「且慢，還不到時候呢！」

當齊軍擂響第二通戰鼓的時候，曹劌還是叫莊公按兵不動。魯軍將士看到齊軍張牙舞爪的樣子，氣得摩拳擦掌，但是沒有主帥的命令，只好憋著氣等待。齊軍主帥看魯軍毫無動靜，又下令打第三通鼓。齊軍以為魯軍膽怯怕戰，無所顧忌地殺過來。

曹劌這才對莊公說：「現在可以下令反攻了。」

魯軍陣地上響起了進軍的鼓聲，戰士們個個士氣高漲，像猛虎下山般撲了過去。齊軍兵士沒料到這一手，招架不住魯軍的凌厲攻勢，敗下陣來。莊公看到齊軍敗退，忙不迭要下令追擊。

曹劌這時拉住他說：「別著急！」說著，他跳下戰車，低下頭觀察齊軍戰車留下的車轍；接著，又上車爬到車軾上，望了望敵方撤退的隊形，才說：「請主公下令追擊吧！」魯軍士兵聽到追擊的命令，個個奮勇當先，乘勝追擊，終於把齊軍趕出魯國國境。

魯軍取得反攻的勝利，莊公對曹劌鎮靜自若的指揮，暗暗佩服，但對曹劌的行為很納悶。回到宮裡，他先向曹劌慰勞了幾句，就問：「頭兩回齊軍擊鼓，你為什麼不讓我反擊？」

曹劌說：「打仗這件事，全憑士氣。對方擂第一通鼓的時候，士氣最足；擂第二通鼓，氣就鬆洩了一些，擂到第三通鼓時，氣已經洩完了。對方洩氣的時候，我們的士兵卻鼓足士氣，哪有打不贏的道理？」

莊公接著又問為什麼不立刻追擊。

曹劌說：「齊軍雖然敗退，但它是個大國，兵力強大，說不定他們是假裝敗退，在什麼地方設下了埋伏，我們不能不防著點。後來我看到他們的旗幟東倒西歪，車轍也亂七八糟，才相信他們陣勢全亂了，所以才請您下令追擊。」

莊公這才恍然大悟，連聲稱讚曹劌想得周到。

人為萬物之靈

【名言】

惟天地，萬物父母；惟人，萬物之靈。

——《泰誓上》

【要義】

天地生萬物，天為父，地為母；人為萬物之靈，最可寶貴。

【故事】

人類的起源，可以說是學術上最令人頭痛的問題，不論是人類學家、考古學家、歷史學家、生物學家、化學家，甚至於哲學家、宗教家，都曾對人類起源做過各種角度的研究，然而，迄今仍沒有最令人信服的說法。

關於人類起源的神話傳說，各民族都相當豐富，其中有些說法頗為相似，當然不同的也不少，在這些神話裡頭，很有趣的，我們可以發現有和進化論不謀而合之處。

在我國藏族地區廣泛流傳著一則獼猴演化成人的神話。在很久以前，西藏山南地區雅隆河谷的窮結地方，氣候溫和，山深林密。山上住著一隻獼猴。後來，這隻獼猴和岩羅剎女結為夫妻，生了六隻小獼猴。老猴把牠們送到果實豐茂的樹林中去生活。過了三年，老猴再去看時，猴已經繁衍成五百多隻猴子。由於吃食不夠，有的互相爭奪鬥毆，抓破了臉皮，揪掉了耳朵。猴子都飢腸轆轆，吱吱悲啼。看見老猴來了，便圍上來呼號：「拿些什麼來給我們吃啊！」舉手相問，其狀至慘。老猴看見這種情景，心裡十分不忍。於是領牠們到一處長滿野生穀類的山坡，指給群猴道：「你們就吃這個吧！」從此，眾猴便吃不種而收的野穀，身上的毛慢慢變短，尾巴也漸漸消失，之後又會說話，遂演變成人類。

在四川省阿壩藏族自治州一些藏族地區，流傳著一則神話說：古時洪水氾濫，淹沒了田地、山川和人類。只有姊弟兩人鑽進牛皮筒中，漂了七天七夜，水才退了，他們活了下來。姊弟兩人在不得已的情況下，結為夫妻，繁衍了現在的人類。

歸納各種神話，人類的起源可以分為「呼喚而出」、「原本存在」、「植物變人」、「動物變人」、「泥土造人」和「上帝造人」等。

埃及人認為遠在埃及於世界上出現之前，全能的神「努」就已存在，她創造了天地的一切。她呼喚「蘇比」，就有了風；呼喚「泰富那」，就有了雨；呼喚「哈比」，尼羅河就流過埃及，她一次次呼喚，萬物一件件出現，最後，她造出「男人和女人」，轉眼間，埃及就住滿許多人。造物工作完成，努就將自己變成男人外形，成為第一位法老王，統治大地人類，開創安和繁榮景象。

人類原本就存在著的神話，散見於北美印第安人和紐西蘭毛利人。印第安人神話中說到神創造天地，然後從地下帶領人類上來，生活在大地上。毛利人的神話說「蘭奇」和「巴巴」是天和地，是萬物源頭，當時天和地未分開，四下漆黑，其兒子渴望得到光明，便用力將天地推開，光明於是出現，一向藏在黑暗中的人類便被發現，原來他們也是天地所生。

日爾曼民族的神話認為，人類是植物所變的。天神歐丁有一天和其他的神在海邊散步，看到沙洲上長了兩棵樹，其中一棵姿態雄偉，另一棵姿態綽約，於是下令把兩棵樹砍下，分別造成男人和女人。歐丁首先賦予他們生命，其他的神分別賦予理智、語言、血液、膚色等，成為日爾曼民族的祖先。

人類是由動物變的神話相當常見。在澳洲神話中說人是蜥蜴變的；美洲神話則說人是山犬、海狸、猿猴等變的；希臘神話也說某族人是天鵝變的，某族人是牛變的等等。

我們由這種「動物變人」的神話中，可以發現很接近進化論的說法，尤其是美洲神話中說人是猿猴變的，就完全與進化論相吻合。這種巧合，很耐人尋味。

在所有神話中，「泥土造人」的說法最多，也最廣為流傳。最引人入勝的泥土造人故事，要數我國的女媧造人。盤古開天闢地之後，不知經過多少年，忽然在天地間出現女媧。女媧在這荒涼天地中感到寂寞，有一天，她對著水，照見了自己，心想，要是天地間有幾個像自己的，彼此說說話，該有多好，便不自覺地抓泥土，和上了水，照自己的形體捏出泥偶，放在地上，迎風一吹，便成為活跳跳的東西，於是給他起名為「人」。

原先女媧一個接一個繼續不停地造人，但進度緩慢，終於感到吃力，心想要如何快速造人，以填補遼闊的大地時，她背靠山崖，順手摘下藤條，懶懶地在和了水的泥漿裡攪著，然後一甩藤條，灑落許多泥點。這些泥點落在地上，經過風一吹，都變成了人，於是她不停地揮動藤條，大地上的人也不斷的增多了。

《聖經》裡的上帝造人故事記載在《舊約》的《創世紀》之中。第一天上帝創造了光明和黑暗；第二天上帝創造了水和空氣；第三天上帝創造了土地；第四天上帝創造了日月星辰；第五天上帝創造了水生物和飛鳥。上帝花了五日時間創造了大地萬物，到第六日他說：「我們要照著我們的形象，按著我們的樣式造人……」於是造成了活生生的男人，取名亞當。不久又取下亞當的一根肋骨，造成一個女人，亞當說：「這是我骨中的骨，肉中的肉，可以稱她為『女人』。」

在女媧和上帝造人的神話裡，可以發現共同之處是都按著他們的形象造人，由此可見女媧和上帝的長相與人相似。不同之處在於《聖經》描述女人是男人肋骨造的，而不是泥土造的。

由於泥土造人的神話最為流傳，人和土地的關係就不是其他事物所能相比，於是「土生土長」的觀念，「入土為安」的信仰，「土裡土氣」的形容，似乎都和泥土造人的神話有著直接的關係。當然，以上說的都是神話傳說，不足為信。人類社會的發展顯示，人是由猿進化而來的。

周親不如仁人

【名言】

雖有周親，不如仁人。天視自我民視，天聽自我民聽。

——《泰誓中》

【要義】

雖有至親，不如有仁人。天因民而視、因民而聽。民之所欲，天必從之；民之所惡，天必去之。這是指順從民意而言的，是反映古代民本思想的名言。

【故事】

南宋和北宋時期，名相李綱曾經有一首詠月的詩：

「節義泰山重，富貴鴻毛輕。我心與明月，照見萬古情。」

這是一代名相李綱內心的真實寫照。李綱在南北宋之交，社會、階級和民族衝突空前尖銳的時期，在國家危急的關頭，輔佐只知享樂、不知務國的徽、欽、高宗三位帝王，可謂竭忠盡智，絞盡腦汁，鞠躬盡瘁，死而後已。他用自己的智慧和德行，為宋室江山的完整，為黎民百姓免遭戰亂塗炭，奮鬥了一生。

宋徽宗政和二年（一一一二年），李綱官至太常少卿，兼起居郎和國史編修。當時，朝政為奸臣蔡京所把持，政治十分黑暗。群臣為保自己的身家性命，都不敢得罪蔡京等人。但李綱不顧個人得失，幾次上書皇帝，向皇帝奏明政治弊端，並要求改革朝政。他還曾經藉京師大水，抨擊權臣不恤民情、視民命如草芥的不負責行為。李綱的上書，說出了當時正直人士的心裡話，但是並未引起徽宗的重視。

徽宗自即位以來，不修朝政，沉迷於酒色之中。徽宗是個藝術愛好者，喜書畫、詩詞、音率。他不滿意皇宮的建築和陳設，登位之初，便大興土木，修建宮苑。徽宗在皇宮後苑親自設計一所擷芳園，前面新建一殿，名之為宣和殿，殿後掘地為池，中起假山，兩旁置景石，引岩下之水入池，每每攜嬪妃暢遊其間，如置身瓊樓玉宇。

徽宗自覺是個太平天子，怡然自得。李綱的上書，自然不合「聖心」，同時也因上書措辭激烈，得罪了朝廷重臣，很快，李綱被罷官免職。然而李綱的上書卻得到了政界有識之士的讚賞，李綱本人也受到當時名流的推崇，他被人們譽為「鳳鳴朝陽」。在群眾輿論的壓力下，李綱恢復了官職。

徽宗是個興趣廣泛的皇帝，他除了不務正業外，對什麼都感到新鮮。中年時他對道家發生了極大興趣，命人在開封京城中普建宮觀，甚至令全國的寺廟均改名神霄宮，並自稱為「教主道君皇帝」。一時間，開封城裡道士橫行，滿朝大臣在蔡京的把持下，竟無人敢於糾正徽宗的這種荒唐行為。

宣和七年（一一二五年），北方女真族在滅遼建金後，兵分兩路直撲宋朝都城東京。這時的徽宗皇帝慌了手腳，亂了方寸，慌慌張張寫下《罪己詔》，任命太子趙桓為「開封牧宰」，把一個爛攤子交給了兒子，自己卻率領眾妃嬪避難到了鎮江。

為保北宋江山社稷，李綱把自己的安危榮辱置之度外。他挺身而出，聯絡宰相吳敏，再次上書皇帝，讓徽宗正式下詔，禪位給太子趙桓，這就是欽宗皇帝。

靖康元年（一一二六年），李綱被任命為兵部侍郎，成為抗金的重要將領。在對內對外的激烈爭鬥中，李綱日益成為北宋政局的重要決策者。

在欽宗去留開封的問題上，欽宗自己舉棋不定，李綱慷慨陳詞，誓死保衛京師，這才穩住了欽宗。在開封城保衛戰中，李綱指揮若定，金兵久攻不下，只好派人講和。金人講和的條件十分苛酷，不僅索要金銀絹帛，還索要燕雲十六州的人民和土地，還要宋朝皇帝稱金主為伯父。

對這些苛刻的條件，昏庸的欽宗竟準備全部接受。李綱堅決反對簽訂這一喪權辱國的和約。他向欽宗建議，採取拖延時間、往返談判的策略，待各路勤王兵馬到來再行反擊。但欽宗沒有採納，李綱只好加緊聯絡勤王兵馬，在開封南門重創金兵，使金兵的氣焰有所收斂，對安定民心也產生了重要作用。

李綱在開封保衛戰中為北宋立下了不朽的功勳。但由於欽宗的無能，投降派的猖獗，欽宗以「專主戰議，喪師費財」的罪名罷免了李綱。李綱被迫懷著滿腔悲憤，離開了京城南下，靖康二年，北宋被金人滅亡。

北宋滅亡後，宋朝宗室康王趙構在南京宣佈即位，改元建炎，是為高宗皇帝。李綱得知消息，立即趕往南京，在途中便接到了任命詔書。李綱出任宰相後，立即上書十事，希望高宗能奮發有為，銳志革新，任人唯賢，實行德政。但高宗並未採納李綱的建議，而是耽於聲色，繼續向投降派妥協靠近，最後終於還是把李綱罷了相。

李綱兩次被貶，最後被放逐到了海南島。在度過了三年的流放、貶謫生活之後，紹興二年（一一三二年），李綱被高宗召回，任命為湖廣宣撫使，兼知潭州（今長沙）。在此期間，李綱鍥而不捨，繼續向高宗上書。但這些建議不僅白費了李綱的一片苦心，而且他的言行遭到了投降派的再次猜忌，又被罷免。紹興十年，李綱終於在抑鬱中逝世。

李綱輔佐徽、欽、高宗三帝，雖不能力挽危局，但是他畢竟用自己的智慧和行動，在一段時間內，保全了北宋領土的完整，他的威名也為當時和後世人所敬重，不愧為一代之偉人。

從李綱光明磊落而又悲慘坎坷的一生可以看出，輔佐一個只知享樂而不理國政，毫無主見又昏庸無能的君主是多麼艱難！這需要為臣者有一種鍥而不捨、大公無私而又勇於獻身的精神。

樹德與除惡

【名言】

樹德務滋，除惡務本。

——《泰誓下》

【要義】

滋，滋長。樹立道德典範要盡力使其滋長，除惡要盡力去其根本。

【故事】

西晉時期，除了像王愷、石崇一類窮奢極侈的豪門官員外，還有一批士族官員，吃飽了飯不幹正經事，三五成群聚在一起胡亂吹牛，盡說些脫離實際荒誕無稽的怪話。學者們把這種現象稱作「清談」。就是這種人，往往名氣很大，地位很高。這也可見當時風氣的腐敗了。

但是在官員中，也有比較正直肯幹實事的人。像西晉初年的周處就是這樣的人。他擔任廣漢（今四川廣漢北）太守的時候，當地原來的官吏腐敗，積下來的案件，有三十年沒有處理的。周處一到任，就把積案都認真處理完了。後來調到京城做御史中丞，不管皇親國戚，凡是違法的，他都能大膽揭發。

周處原是東吳義興（今江蘇宜興）人。年輕的時候，個子很高，力氣比一般小夥子大。由於父親很早就死了，他自小沒人管束，成天在外面遊蕩，不肯讀書；而且脾氣強悍，動不動就揮拳打人，甚至動刀使槍，義興地方的百姓都很怕他。

義興鄰近的南山有一隻白額猛虎，經常出來傷害百姓和家畜，當地的獵戶也制服不了牠。當地的長橋下，有一條大蛟（一種鱷魚），出沒無常。義興人把周處和南山白額虎、長橋大蛟合起來，稱為義興「三害」。這「三害」之中，最使百姓感到頭痛的還是周處。

有一次，周處在外面閒蕩，看見人們都悶悶不樂。他找了一個老年人問：「今年收成挺不錯得，為什麼大夥還這樣愁眉苦臉呢？」老人沒好氣地回答：「『三害』還沒有除掉，怎麼高興得起來！」周處第一次聽到「三害」這個名稱，就問：「你指的是什麼『三害』？」老人說：「南山的白額虎，長橋的蛟，加上你，不就是『三害』嗎？」

周處吃了一驚。他想，原來鄉間百姓都把他當作虎、蛟一般的大害了。他沉吟了一會，說：「這樣吧，既然大家都為『三害』苦惱，我把它們除掉。」

過了一天，周處果然帶著弓箭，背著利劍，進山找虎去了。到了密林深處，只聽見一陣虎嘯，從遠處躥出了一隻白額猛虎。周處閃在一邊，躲在大樹背面，拈弓搭箭，「嗖」的一下，射中猛虎前額，結果了牠的性命。周處下山告訴村裡的人，有幾個獵戶上山把死虎抬下山來。大家都高興地向周處祝賀，周處說：「別忙，還有長橋的蛟呢。」

又過了一天，周處換了緊身衣，帶了弓箭刀劍跳進水裡去找蛟去了。那條蛟隱藏在水深處，發現有人下水，想跳上來咬。周處早就準備好了，在蛟身上猛刺一刀。那蛟受了重傷，就往江的下游逃竄。周處一見蛟沒有死，緊緊在後面盯住，蛟往上浮，他就往水面游；蛟往下沉，他就往水底鑽。這樣一會兒沉，一會兒浮，一直追蹤到幾十里以外。三天三夜過去了，周處還沒有回來。大家議論紛紛，認為這下子周處和蛟一定兩敗俱傷，都死在河底裡了。本來，大家以為周處能殺死猛虎、大蛟，已經不錯了；這回「三害」都死，大家喜出望外，街頭巷尾，一提起這件事，都是喜氣洋洋，互相慶賀。

沒想到到了第四天，周處竟安然無恙地回來了。人們大為驚奇。原來大蛟受傷以後，被周處一路追擊，最後流血過多，動彈不得，終於被周處殺死。周處回到家裡，知道他離家三天後，人們以為他死去，都很高興。這件事使他意識到，自己平時的行為被人們痛恨到什麼程度了。他痛下決心，離開家鄉到吳郡找老師學習。

那時候吳郡有兩位很有名望的人，一位叫陸機，另一位叫陸雲。周處去找他們，陸機出門去了，只有陸雲在家。周處見到陸雲，把自己決心改過的想法誠懇地向陸雲談了。他說：「我後悔自己覺悟得太晚，把寶貴的時間白白浪費掉。現在想幹一番事業，只怕太晚了。」陸雲勉勵他說：「別灰心，您有這樣決心，前途還大有希望呢。一個人只怕沒有堅定的志氣，不怕沒有出息。」

從此以後，周處一面跟陸機、陸雲學習，刻苦讀書；一面注意自己的品德修養。他勤奮好學的精神受到大家的稱讚。過了一年，州郡的官府都徵召他出來做官。到了東吳被晉朝滅掉以後，他成為晉朝的大臣。

惟賢惟能

【名言】

建官惟賢，蒞事惟能。

——《武成》

【要義】

蒞（蒞音ㄌㄧˋ），到。這裡的「賢」、「能」二字是互相補充的。合起來看，是說設官分職、處理政事，都要任用德行好、有才幹的人。這兩句話的意思是說，立官職要用賢人，處理政事要用能人。它反映了我國自古以來用人的一項基本原則。

【故事】

中國歷史上唯一的一位女皇帝是唐朝的武則天。她對於反對她掌權的人，進行無情鎮壓；但她又十分重視任用賢才，經常派人到各地去物色人才。只要發現誰有德行有才能，就不計較門第出身、資格深淺，破格提拔，大膽任用。所以，在她的手下，湧現出一批有德行有才能的大臣。其中最著名的是宰相狄仁傑。

狄仁傑當豫州刺史的時候，辦事公平，執法嚴明，受到當地百姓的稱讚。武則天聽說他有才能，把他調到京城當宰相。

有一天，武則天召見他，告訴他說：「聽說你在豫州的時候，名聲很好，但是也有人在我面前揭你的短。你想知道他們是誰嗎？」

狄仁傑說：「別人說我不好，如果確是我的過錯，我應該改正；如果陛下弄清楚不是我的過錯，這是我的幸運。至於誰在背後說我的不是，我並不想知道。」武則天聽了，覺得狄仁傑器量大，更加賞識他。

來俊臣得勢的時候，誣告狄仁傑謀反，把狄仁傑打進了監牢。來俊臣逼他招供，還誘騙他說：「只要你招認了，就可以免你死罪。」

狄仁傑坦然說：「如今太后剛剛即位，什麼事都重新開始。像我這種前朝舊臣，理當被殺。我招認就是了。」

另一個官員偷偷告訴狄仁傑說：「你如果供出別人來，還可以從寬。」狄仁傑這下可生了氣，說：「上有天，下有地，叫我狄仁傑做這等事，我可幹不出來！」說著，氣得用頭猛撞監牢裡的柱子，撞得滿面流血。那個官員害怕起來，連忙把他勸住了。

來俊臣根據逼供的資料，胡亂定了狄仁傑的案，對他的防範也就不那麼嚴密了。狄仁傑趁獄卒不防備，偷偷地扯碎被子，用碎帛寫了封申訴狀，又把它縫在棉衣裡。那時候，正是開春季節。狄仁傑對獄卒說：「天氣暖了，這套棉衣我也用不上，請通知我家裡人把它拿回去吧。」獄卒也不懷疑，就讓前來探監的狄家人把棉衣帶回家去。狄仁傑的兒子拆開棉衣，發現父親寫的申訴狀，就託人送給武則天。

武則天看了狄仁傑的申訴狀，才下令把狄仁傑從監牢裡放了出來。武則天召見狄仁傑，說：「你既然申訴冤情，為什麼又會招供呢？」

狄仁傑說：「要是我不招，早就被他們拷打死了。」

武則天免了狄仁傑死罪，但還是把他宰相職務撤了，降職到外地做縣令，直到來俊臣被殺以後，才又把他調回來做宰相。

在狄仁傑當宰相之前，有個將軍婁師德，曾經在武則天面前竭力推薦他；但是狄仁傑並不知道這件事，他認為婁師德不過是普通武將，不大瞧得起他。

有一次，武則天故意問狄仁傑說：「你看婁師德這人怎麼樣？」狄仁傑說：「婁師德做個將軍，小心謹慎守衛邊境，還不錯。至於有什麼才能，我就不知道了。」

武則天說：「你看婁師德是不是能發現人才？」

狄仁傑說：「我跟他一起工作過，沒聽說過他能發現人才。」

武則天微笑說：「我能發現你，就是婁師德推薦的啊。」

狄仁傑聽了，十分感動，覺得婁師德為人厚道，自己不如他。後來，狄仁傑也努力物色人才，隨時向武則天推薦。

一天，武則天向狄仁傑說：「我想物色一個人才，你看誰行？」

狄仁傑說：「不知陛下要的是什麼樣的人才？」

武則天說：「我想要找個能當宰相的。」

狄仁傑早就知道荊州地方有個官員叫張柬之，年紀雖然老了一些，但辦事幹練，是個宰相的人選，就向武則天推薦了。武則天聽了狄仁傑的推薦，提拔張柬之擔任洛州（治所在洛陽）司馬。過了幾天，狄仁傑上朝，武則天又向他提起推薦人才的事。

狄仁傑說：「上次我推薦的張柬之，陛下還沒任用呢！」

武則天說：「我不是已經把他任用了嗎？」

狄仁傑說：「我向陛下推薦的，是一個宰相的人選，不是讓他當司馬的啊。」

武則天這才把張柬之提拔為侍郎，後來，又任命他為宰相。

像張柬之那樣的人才，狄仁傑前前後後一共推薦了幾十個，後來都成為當時有名的大臣。這些大臣都十分欽佩狄仁傑，把狄仁傑視為他們的老前輩。有人對狄仁傑說：「天下桃李，都出在狄公的門下。」

狄仁傑謙遜地說：「這算得上什麼，推薦人才是為了國家，不是為了我個人的私利啊！」

狄仁傑一直活到九十三歲。武則天很敬重狄仁傑，把他稱做「國老」。他多次要求告老還鄉，武則天總是不准。他死去後，武則天常常嘆息說：「老天為什麼這麼早就奪走我的國老啊！」

中正不倚

【名言】

無偏無陂（音ㄆㄛ），遵王之義；無有作好，遵王之道；無有作惡，遵王之路。

——《洪範》

【要義】

不要有偏頗，要遵從先王中正不倚的政策；不要有私好，要遵從先王的正道；不要有自私的憎惡，要遵從先王的正路。

相傳這是周王朝剛剛建立時，周武王訪問商朝遺老箕子，箕子對周武王所說的話。這話可能出自後來儒家的假託，但是它表明了儒家政治主張的一項重要原則：做君主的，要想把國家治理好，必須公正無私，不要有偏頗，特別是要杜絕按照自己的好惡行事。

【故事】

漢武帝在位時，曾經連年發動對匈奴的戰爭，又派大批使團通西域，再加上他的生活奢侈，喜歡講排場，還迷信神仙，大興土木，耗費了大量的人力、物力。許多年來，他把文帝、景帝時候積累起來的錢財花得差不多了。為了弄錢，他重用殘酷的官吏，加稅加捐，甚至讓有錢的人可以出錢買爵位、官職。這些人做了官，當然要拚命搜刮老百姓，再加上水災旱災，逼得百姓難過日子，各地方就有大批農民起義反抗官府。到了他在位的最後幾年，他才決心停止用兵，並且提倡改良農具，改進耕種技術。他還親自下地，做個耕種的樣子，吩咐全國官吏鼓勵農民增加生產。這樣，國內才逐漸穩定下來。

後元二年（前八七年），漢武帝得病死了，即位的漢昭帝年紀才八歲。按照漢武帝死前的囑咐，由大將軍霍光來輔佐他。

霍光掌握了朝廷大權，幫助昭帝繼續採取休養生息的政策，減輕稅收，減少勞役，把國家大事管理得很好。但是朝廷中有幾個大臣卻把霍光看做眼中釘，非把他除去不可。左將軍上官桀想把他六歲的孫女嫁給昭帝做皇后，霍光沒有同意。後來，上官桀靠昭帝的姊姊蓋長公主的介說，讓孫女當上了皇后。上官桀和他的兒子上官安想封蓋長公主的一個身邊人做官，霍光無論如何不同意。上官桀父子、蓋長公主都把霍光看做眼中釘，他們勾結了燕王劉旦，想方設法要陷害霍光。

昭帝十四歲那年，有一次，霍光檢閱羽林軍（皇帝的禁衛軍），還把一名校尉調到他的大將軍府裡。上官桀他們就抓住這兩件事，假造了一封燕王的奏章，派一個心腹冒充燕王的使者，送給昭帝。那封信上大意說：大將軍霍光檢閱羽林軍的時候，坐的車馬跟皇上坐的一樣。他還自作主張，調用校尉。這裡面一定有陰謀。我願意離開自己的封地，回到京城來保衛皇上，免得壞人作亂。

昭帝接到那份奏章，看了又看，把它擱在一邊。

第二天霍光要進宮朝見，聽到燕王劉旦上書告發他的消息，嚇得他不敢進宮。昭帝吩咐內侍召霍光進來。霍光一進去，就脫下帽子，伏在地上請罪。漢昭帝說：「大將軍儘管戴好帽子，我知道有人存心陷害你。」

霍光磕了個頭說：「陛下是怎麼知道的？」

昭帝說：「這不是很清楚嗎？大將軍檢閱羽林軍是在長安附近，調用校尉也是最近的事，一共不到十天。燕王遠在北方，怎麼能知道這些事？就算知道了，馬上寫奏章送來，也來不及趕到這兒。再說，大將軍如果真的要叛亂，也用不著靠調一個校尉。這明明是有人想陷害大將軍，燕王的奏章是假造的。」霍光和別的大臣聽了，沒有一個不佩服少年昭帝的聰明。

昭帝又把臉一沉，對大臣們說：「你們得把那個送假奏章的人抓來查問。」

上官桀怕昭帝追查得緊，他們的陰謀會敗露，對昭帝說：「這種小事情，陛下就不必再追究了。」從這時候起，昭帝就懷疑起上官桀這一夥人來。

上官桀等並不就此甘休，他們偷偷地商量好，由蓋長公主出面，請霍光喝酒。他們佈置好埋伏，準備在霍光赴宴的時候刺死他，又派人通知燕王劉旦，叫他到京師來。上官桀還打算在殺了霍光之後再廢去昭帝，由他自己來做皇帝。沒想到有人早把這個秘密洩露了出去，讓霍光知道了。霍光連忙報告昭帝。昭帝命令丞相田千秋火速發兵，把上官桀一夥統統逮捕起來處死。

無偏無黨

【名言】

無偏無黨，王道蕩蕩；無黨無偏，王道平平；無反無側，王道正直。

——《洪範》

【要義】

不要偏私阿黨，君主所行應該坦坦蕩蕩；不要阿黨偏私，君主所行應該正直公平；不要反覆無常，君主所行應該公平正直。

這段話和上一段一樣，相傳也是周初箕子對周武王說的話，大意也是在提倡君主要實行公正無私的治國政策。

【故事】

唐朝的憲宗、穆宗、文宗、武宗、宣宗五位皇帝在位時候，宦官專權，朝廷官員中凡反對宦官的，大都遭到排擠打擊。一些依附宦官的朝官，又分成兩個派別。兩派官員互不服氣，爭吵不休，一直鬧了四十年，歷史上把這種爭吵叫做「朋黨之爭」。

這場爭鬥是在唐憲宗在位時候開始的。有一年，長安舉行考試，選拔能夠像魏徵那樣敢於直言勸諫的人才。在參加考試的人中，有兩個下級官員，一個叫李宗閔，一個叫牛僧孺。兩個人在考卷裡均批評了朝政。考官看了卷子，認為這兩個人符合選拔的條件，就把他們推薦給唐憲宗。

這件事讓宰相李吉甫知道了，他瞧不起科舉出身的官員，現在出身低微的李宗閔、牛僧孺居然敢批評朝政，揭了他的短處，更加生氣。他在唐憲宗面前說，這兩人被推薦，完全是因為跟主考官有私人關係。唐憲宗聽信了李吉甫的話，把幾個主考官降了職，李宗閔和牛僧孺也沒有受到提拔。

李吉甫死後，他的兒子李德裕依靠他父親的地位，做了翰林學士。那時候，李宗閔也在朝做官。李德裕對李宗閔批評他父親這件事，仍然耿耿於懷，記恨在心。

唐穆宗即位後，又舉行進士考試。有兩個大臣因為有熟人應考，私下委託考官照應，考官錢徽沒買他們的帳。正好李宗閔有個親戚應考，被選中了。這些大臣就向穆宗告發錢徽徇私舞弊。穆宗問翰林學士，李德裕說真有這樣的事。穆宗就把錢徽降了職，李宗閔也受到牽連，被貶謫到外地去。李宗閔認為李德裕成心排擠他，把李德裕恨透了。牛僧孺同情李宗閔。自此以後，李宗閔、牛僧孺就跟一些科舉出身的官員結成一派，李德裕跟另一些官員結成另一派，雙方明爭暗鬥。

到了唐文宗即位以後，李宗閔走了宦官的門路，當上了宰相。李宗閔向文宗推薦牛僧孺，也把他提為宰相。這兩人一掌權，就合力打擊李德裕，把李德裕調出京城長安，到西川（在今四川成都）當節度使。不久，西川附近有個吐蕃將領向唐朝投降。李德裕趁機收復了一個重鎮維州（今四川理縣）。這本來是李德裕立得一個大功，但是宰相牛僧孺卻跟唐文宗說：「收復一個維州，算不了什麼；跟吐蕃搞壞關係，才是大事。」他要文宗下令叫李德裕把維州歸還吐蕃，使李德裕氣得要命。

後來，有人告訴文宗，說退出維州城是失策，並且說這件事是牛僧孺排擠李德裕的手段。文宗很後悔，對牛僧孺也疏遠了。

文宗本人也受宦官控制，沒有一定的主見。一會兒用李德裕，一會兒用牛僧孺。一派掌了權，另一派就沒好日子過。兩派勢力就像走馬燈似地轉換，把朝政搞得十分混亂。文宗也辨不清誰是誰非，想起這件事直嘆氣，說：「要平定河北容易，要除掉朝廷的朋黨可真難啊！」

牛、李兩派為了爭權奪利，都爭先恐後地向宦官討好。李德裕做淮南節度使的時候，監軍的宦官楊欽義被召回京城，大家傳說楊欽義回去一定掌權。臨走的時候，李德裕就辦酒席請楊欽義，還送給他一份厚禮。楊欽義回去以後，就在唐武宗面前竭力推薦李德裕，後來李德裕果然當了宰相。他竭力排斥牛僧孺、李宗閔，把他們都貶謫到南方去。

李德裕得了武宗信任，當了幾年宰相，因為辦事專斷，遭到不少朝臣的怨恨。會昌六年（八四六年），武宗病死，宦官們立唐武宗的叔父李忱即位，他就是唐宣宗。唐宣宗把唐武宗時期的大臣一概排斥，即位第一天，就撤了李德裕的宰相職務。過了一年，又把李德裕貶謫到崖州（今海南）。

鬧了四十年的朋黨之爭終於收場，但是混亂的唐王朝局面已經更加不好收拾了。

【名言】

玩人喪德，玩物喪志。

——《旅獒》

【要義】

玩弄別人就喪失道德，沉溺於喜好之物就喪失志氣。

【故事】

南宋賈似道，原是個不學無術的浪蕩子，但他的姊姊是宋理宗的寵妃，靠此裙帶關係才得了官位，拜為同平章知國事（宰相）。宋元交戰，蒙古大軍南下，兵圍襄陽，他卻在此危急關頭和諸小妾在後花園的「半閑堂」裡鬥蟋蟀。人們就送給他一個「蟋蟀平章」的綽號來諷刺他。他不但「玩物喪志」，還玩人喪德，把南宋皇帝和群臣都玩了一把，直至使南宋亡國。

下面我們來看故事。

蒙古、南宋聯合滅掉金朝以後，南宋趁機出兵，想收復開封、河南一帶土地。窩闊台藉口南宋破壞協議，進攻南宋。打這以後，蒙宋雙方不斷發生戰爭。到窩闊台的姪兒蒙哥即位後，派他弟弟忽必烈和大將兀良合台進軍雲南，控制了西南地區。寶祐六年（一二五八年），蒙哥兵分三路，進攻南宋。他自己親率主力進攻合州（今四川合川），忽必烈攻打鄂州（今湖北武昌），另一路由兀良合台率領，從雲南向北攻打潭州（今湖南長沙），準備三路會師後，直取臨安。蒙哥的軍隊進攻合州的時候，合州守將王堅和全城軍民奮起反抗，堅守合州東面的釣魚城。蒙古軍把釣魚城圍了五個月還沒有攻下來，蒙哥卻在攻城的時候被砲石打中，受了重傷，回到大營不久就死了。

忽必烈正向鄂州進兵，還沒過江，得到蒙哥的死訊，有人勸他趕快回到北方去爭奪汗位。忽必烈說：「我奉命來攻打宋朝，哪能空手回去？」忽必烈觀察了沿江的形勢，就派幾百人的敢死隊當先鋒，強渡長江，宋兵沒有防備，果然潰敗。蒙古兵就大舉渡江，把鄂州圍住。

警報一個接一個送到臨安，把南宋王朝震撼了。宋理宗命令各路宋軍援救鄂州；又任命賈似道擔任右丞相兼樞密使，到漢陽督戰。

賈似道自從當上官後，什麼事都不幹，經常帶著一批歌女在西湖上喝酒作樂。侍臣知道宋理宗寵著賈似道，就湊趣說：「別看他年紀輕輕，喜歡玩樂，他的本事可大著呢。」這回，宋理宗要他上漢陽前線督戰，他只好硬著頭皮去了。有一次，他聽說前面有一隊蒙古兵，嚇得直打哆嗦，嘴裡連聲叫著：「怎麼辦？怎麼辦？」後來，蒙古兵搶了一些財物走了，賈似道才拍拍胸口，喘了口氣。

忽必烈攻城愈來愈猛。賈似道眼看形勢緊張，就瞞著朝廷，偷偷地派個親信到蒙古營去求和，表示只要蒙古退兵，宋朝就願意稱臣，進貢銀、絹。忽必烈攻得正起勁，不肯就此甘休。正在這時候，忽必烈接到妻子從北方捎來的密信，說蒙古一些貴族正在準備立他弟弟阿里不哥做大汗。忽必烈急著想回去爭奪汗位，就答應了賈似道的要求，訂下了秘密協定。賈似道答應把江北土地割給蒙古，並且每年向蒙古進貢銀、絹各二十萬。忽必烈得了賈似道的許諾，就急忙撤兵回北方去了。

賈似道回到臨安，把私自訂立和約的事瞞得嚴嚴實實，卻抓了一些蒙古兵俘虜，吹噓各路宋軍取得大勝，不但趕跑了鄂州的蒙古兵，還把長江一帶敵人勢力全部肅清了。宋理宗聽信了賈似道的彌天大謊，認為賈似道立了大功，特地下一道詔書，讚賞他奮不顧身，指揮有方，立刻給他加官晉爵。

忽必烈回到北方，得到大多數蒙古貴族的支持，即了大汗位。他想起了在鄂州跟賈似道訂下的和議，就派使者郝經到南宋去，要求履行和約議定的條件。郝經到了真州（今江蘇儀徵），先派副使帶信給賈似道。賈似道一聽郝經要到臨安來，怕他的騙局露餡，趕快派人到真州把郝經扣了起來。忽必烈聽到這個消息，氣得要命。那時候，蒙古內部發生了內訌，忽必烈的弟弟阿里不哥跟忽必烈爭奪權力，發生了戰爭。忽必烈全力對付阿里不哥，只好暫時把南宋一頭擱起來。

賈似道靠欺騙過日子，居然做了十幾年的宰相。宋理宗死後，太子即位，他就是宋度宗。宋度宗封賈似道為太師，拜魏國公，地位高得沒人能比。賈似道一面故意要求告老回家，一面又派親信散播謠言，說蒙古軍又要打過來了。剛即位的宋度宗就苦苦留他，這樣一來，他的地位就愈來愈高了。度宗專門為他在西湖葛嶺造了一座豪華的別墅。賈似道每天在葛嶺過著享樂的生活，朝政大事，都得由官員到別墅去找他決定。

忽必烈穩定了內部，打敗了阿里不哥以後，在南宋咸淳七年（一二七一年）稱帝，改國號為元。這就是元世祖。元世祖藉口南宋不履行和約，派大將劉整、阿朮出兵進攻襄陽，宋軍連戰連敗，襄陽城被圍了五年。賈似道把前線的消息封鎖起來，不讓宋度宗知道。有個官員上奏章向宋度宗告急，奏章落在賈似道手裡，那個官員馬上被革職了。

有一天，賈似道上朝的時候，宋度宗問他：「聽說襄陽城已經被蒙古兵圍了幾年，怎麼辦？」

賈似道故意裝出驚訝的樣子說：「蒙古兵早就被我們打退，陛下從哪兒聽來這種消息？」度宗說：「剛才聽到一名宮女說起。」

散朝以後，賈似道查明了那個透露消息的宮女，找個藉口把她殺死。從此以後，宋度宗再也聽不到蒙軍進攻的消息了。

襄陽在蒙古兵圍攻下，愈來愈危急。賈似道卻每天躲在葛嶺別墅裡。有一次，有個親信官員去找他，他正趴在地上跟他的幾個侍女鬥蟋蟀。那個官員拍拍賈似道的肩膀說：「這難道也是國家大事嗎？」賈似道玩得正起勁，也沒當一回事。

襄陽終於被元兵攻破了。南宋王朝大為震撼。這個時候，賈似道要再瞞也瞞不住，就把責任推給襄陽守將，把守將革職了事。

元世祖看到南宋這樣腐敗，決定一鼓作氣消滅南宋。他派左丞相伯顏率領元兵二十萬，分兩路進軍，一路從西面攻鄂州，另一路從東南攻揚州。這時候，宋度宗病死了，賈似道擁立了一個四歲的幼兒趙顯做皇帝。伯顏攻下鄂州，沿江東下，直取臨安。賈似道一面帶領七萬宋軍駐守蕪湖，一面派使臣到元營求和。伯顏拒絕議和，命令元軍在長江兩岸發起進攻，宋軍全線崩潰，賈似道逃回揚州。到了這個時候，南宋滅亡的局勢已經無法挽回了。

【名言】

不矜細行，終累大德，為山九仞，功虧一簣。

——《旅獒》

【要義】

矜，慎。小行為不謹慎，積小成大，會損害道德，比如築九仞高的土山，大功不能告成，只在於缺少最後一筐土。

【故事】

說出的話如潑出去的水，收回是很難的。所謂「一言既出，駟馬難追」，這裡除去有信守諾言的一面外，實也說出了為言謹慎的重要性。以專制為特徵的古代政體，殺身之禍的危險可說是時時潛伏在身邊，尤其是動亂之中，稍有不慎，可能就會斷送性命。

東漢開國皇帝劉秀，在起義之初受制於人時，他的哥哥劉縯在宛城被義軍擁戴的更始帝殺掉。更始帝使其他仇視劉秀的人觀察劉秀的動向，伺機尋藉口除掉他。

劉秀異常鎮定，趕回宛城，向更始帝謝罪。劉縯的部屬紛紛到劉秀這裡致哀，劉秀言談舉止之間，從不流露私情。晚上獨自流淚濕枕，然而白天見到人，只稱自己罪過，對自己剛剛取得的以九千人勝王莽四十萬大軍的戰功隻字不提。

他的泰然自若，終於使人解除了對他的懷疑，避免了殺身之禍。三個月後劉秀以武信侯身分到了河北，召集兵馬，開始了統一中國的事業。

這足以說明，在天下紛爭的時代，謹言慎行是何其重要。

對於古代為政者，浸染於權術之中，謹言慎行是他們應具的修養和素質。東漢章帝時，第五倫做了司空，由於其為人正直，所以，有些人對他不滿。

一次，有人問他：「你有沒有私心？」這話看來平常，卻暗藏玄機，因為不管第五倫回答有私心還是沒有私心，都會授人把柄。

第五倫回答說：「過去，有一個人送我一匹千里馬，我拒絕了，此後，每當朝廷讓我們三公舉薦人才時，我心裡總想到這個人。不過，我始終沒有舉薦他。我哥哥兒子有病時，我去看望他十次，但回到家躺下就睡著了。我的兒子有病時，我雖不能去照顧，可是卻整夜睡不著覺。這樣看來，怎麼能說沒有私心呢？」他這話的意思是說，他和常人一樣有私心，但在處理公事時，並不為私心所左右。這樣巧妙的回答使人很難找到可乘之機。

第五倫是深知言語謹慎之重要性的。一個謹慎的為政者，對言論和細小的行為都應極為注意和小心，這種防範實是避免陷入權謀傾軋的有效手段。所謂言必信，行必果，對於現代領導者，也是應當遵循的常情和規範。

禍從口出，這絕不是危言聳聽。

魏晉交替時代，一些名士不滿時局，離群棄世，不問政治，即使如此，有時也難躲災禍。竹林七賢之一的嵇康，有一次，見朝臣鍾會走來，故意在門口不理他，但最終還是因看不慣而輕蔑地問道：「何所聞而來，何所見而去？」鍾會居心叵測地答道：「聞所聞而來，見所見而去。」據說，這是嵇康後來終於被殺的原因之一。

同時代人阮籍就謹慎得多。他做過官，不久就辭職而整日酣醉不醒。鍾會幾次想套他的話，都因他酒醉而一無所獲。阮籍愛說話，但從不涉及對人的評價，曾以醉酒六十日而拒司馬氏之提親，終也得保其身。

在封建社會中，專制政治的壓迫，產生了言語模糊、處世圓滑的流弊，這流弊至今未能根除。既有如此之流弊，那麼明察明辨的智慧和謹言慎行的作為，應該是為政處世的良方。

不作無益

【名言】

不作無益害有益，功乃成。

——《旅獒》

【要義】

不做無益於國家的事情（如修宮觀、造奢侈器物等）來損害有益於國家的事情，政事才能成功。

【故事】

漢文帝叫劉恒（前二〇二—前一五七年），是漢朝第四任皇帝。劉恒雖然沒有劉邦、劉徹的名氣那麼大，但他卻是中國兩千多年封建社會中不多見的寬仁厚民的皇帝。

文帝登基以後，實行了休養生息的政策，這個政策不僅是國家的一大政策，而且也體現在他自己的整個生活當中。天子的御駕連四匹相同顏色的馬都很難找到，將相們只能用牛來駕車，普通百姓的生活可想而知。文帝的大臣要在驪山修一座樓台，供他遊樂之用，需要花一百斤黃金。

文帝知道以後說：「享受祖先的這些宮殿，我已經感到不安了，這一百斤黃金相當於十戶中產階層家庭的產業。我還要這個幹什麼。」他終止了修建計劃。看來文帝還真是位在中國歷史上不多見的好皇帝，修座樓台要花一百斤黃金，這對於擁有天下的皇帝來說，還不是小事一樁。皇帝親自下田耕作，這在中國歷史上幾百位皇帝中更是少見。

文帝十分重視農業生產，即位後多次下詔勸課農桑，並按戶口比例設置三老、孝悌、力田等地方官員，經常給予他們賞賜，以鼓勵農民發展生產。他注意減輕人民負擔，常頒佈減省租賦詔令。文帝首開「籍田制」，表示對農業生產的重視。文、景二帝還多次下詔救助災荒，令郡國官吏務必重農桑，發展生產，並設「孝悌力田」獎勵努力生產的農民。為了使百姓免受轉送賦稅之苦，文帝下令列侯不准居住京城，各自歸其封國。他還減免稅收二十年。為了鼓勵農耕，他親自耕種農田。

文帝生前對他自己的陵墓修建也有嚴格控制。與秦始皇大修墳墓不同，文帝對生死有著樸素的理解，他說：「蓋天下萬物之萌生，靡不有死。死者天地之理，物之自然。」因此，他治霸陵「皆瓦器，不得以金銀銅錫為器。因其山，不起墳」。

這在歷代封建帝王中也是少見的。他認為他的陵墓要「欲省錢，莫擾民」，「莫擾民」就是不要加重老百姓的負擔。而且在陵墓修建中，不許用金銀、銅器，只許用瓦器。他在臨終前，針對當時盛行的厚葬風氣，要求薄葬省繁。這種身體力行的節儉作風確保了其休養生息政策的貫徹。

漢初還逐步調整盲目抑商的政策，使商人和商業流通發揮出服務社會的作用。文帝時又接受晁錯「入粟拜爵」的方法，使商人提高社會地位的願望得到滿足，農民多餘的糧食也有了出路。並除盜鑄錢令，開放金融，實行金融自由政策，結果富商商賈周流天下，交易之物無不流通，商品迅速發展。農工商業的發展，使文帝時期蓄積日增，戶口漸多，國家的糧倉錢庫溢滿，海內殷富，天下家給人足，社會經濟繁榮。

政治統治離不開法律，但嚴刑峻法只會導致社會人人自危，眾叛親離。文景時代的刑罰儘管不像史書所記載的那樣「寬容」，但較之秦代肯定是大為減輕並且有章可循。特別是文帝本人對法律十分尊重，他所任用的廷尉張釋之不以君權的意志行事，敢於維護法律的尊嚴，提出「天子所與天下公共」的法律觀，留下了許多動人的佳話。

例如，有一次，文帝要對驚其御馬的人處以極刑，而釋之認為只能處以罰金，最後說動了文帝。還有一次文帝要對盜高祖廟前玉環的人判族刑，廷尉認為只能判罪犯本人死刑，文帝也不得不尊重廷尉的意見。漢初幾十年輕刑慎罰，維護法律尊嚴的風氣，給人民帶來一個安寧的社會環境。這些政策或法令對於穩定社會秩序與迅速恢復生產具有重要作用，使得封建國家的重要經濟支柱——小農經濟在漢初幾十年中有了長足的進步。

後元七年（前一五七年），文帝去世，終年四十六歲，葬霸陵。

西漢王朝在文帝、景帝統治時期，出現了一個和平穩定的階段，社會經濟得到較快的恢復與發展，因而被後世稱為「文景之治」。它是中國進入封建社會後出現的第一個盛世，不僅使自戰國以來戰亂連綿的社會有了一個喘息的機會，使那個時代的黎民百姓獲得暫時安寧，更重要的是，它表明邁入專制主義中央集權國家形態後的地主階級統治集團，在經歷了秦速亡的歷史過程後，已經開始反省並記取教訓，適時調整統治策略，以維護整個統治階級的長治久安。

皇天惟德

【名言】

皇天無親，惟德是輔；民心無常，惟惠之懷。

——《蔡仲之命》

【要義】

上天並不親近或疏遠誰，只是幫助有道德的人；民心也不是一成不變的，只是懷念有仁愛之心的君主。

【故事】

唐太宗在位期間，出現了「貞觀之治」的盛世局面，出現這一空前盛世的原因不外乎以下兩點：一是唐太宗本身是一位英明的君主，二是有優秀的臣相輔佐。

輔佐唐太宗的幾位良臣中，以房玄齡與杜如晦兩位最為傑出。他們兩人共同擔負起國政，為締造「貞觀之治」的盛世做出了巨大貢獻。歷史上對房、杜兩人給予極高的評價。《舊唐書》上說：「杜如晦與房玄齡共掌朝政，至於台閣規模及典章人物，皆兩人所定，甚獲當代之譽，談良相者，至今仍稱房、杜之名。」

歷史上明君可說寥寥無幾。然而，房、杜所輔佐的太宗，卻是歷史上最負盛名的明君，堪稱為「君王中的君王」。

那麼，作為一位英明君主的宰相，需要具備哪些條件呢？讓我們先來看房玄齡這個人。

唐太宗未即帝位之前，被封為秦王，當時房玄齡即是唐太宗的心腹。他協助唐太宗全力招攬人才，以為將來之用。當時，唐太宗經常討伐盤踞在各地的群雄，每次戰鬥結束後，別人爭先恐後地奪取珍寶珠玉，而唯有房玄齡一人悉心探查敵方之有能有為之士，並招募其進入秦王府，效命唐太宗，秦王府的勢力自然因此壯大起來。

其次，房玄齡也發揮了他幹練的處事能力。《舊唐書》上說：「玄齡在秦府十餘年，掌典管紀，每軍事奏表，駐馬立成，文約理瞻，初無草稿。」就是說，房玄齡記錄起草文書典章，往往下筆如流，從來不擬草稿，並務求文字簡潔以盡其意。

唐太宗即位之後，即任命房玄齡為宰相，使其統御百官。

關於房玄齡和唐太宗的關係，史書上記載了以下的故事。

唐太宗遠征高麗時，將內政完全委託留守都城的房玄齡辦理。當時和他一起留守的臣子中，恰好有一位特別愛打小報告的人，總是彈劾房玄齡。依人之常情，對這樣的人，不是將其拉攏，便是立即懲治，使其緘口，免得對自己不利，然而房玄齡卻將這人用驛車送往唐太宗遠征處。唐太宗一聽到這位臣子彈劾房玄齡，便立即將其處以腰斬的極刑。唐太宗傳令給房玄齡說：「你不必凡事一一以朕的意向為重，朕將京城的一切事務都委託給你處理，你可自己隨意決定。」從這件事可以看出唐太宗和房玄齡之間的信賴關係。

與房玄齡同時輔政的另一位宰相杜如晦，歷史上的記載並不多，但和房玄齡比起來，他也有自己的特點和長處。歷史學家稱：「房知杜之能斷大事，杜知房之善建嘉謀。」也就是說，房玄齡擅長謀劃，杜如晦擅長決斷，兩個人相輔相成，共同輔佐太宗。杜如晦的長處是善於決斷，史稱「軍國人事，剖斷如流，深為時輩所服」。房玄齡常常和唐太宗預先做出謀劃，等待杜如晦做出判斷，用房玄齡的話來說：「非如晦莫能籌之。」結果杜如晦來到時，往往都能和房玄齡的主張契合。

史書上稱他們是最佳搭檔，此話確實不假。

立政惟人

【名言】

明王立政，不惟其官，惟其人。

——《周官》

【要義】

聖君明主立政，不是考慮多立官職，而是考慮怎樣得賢人為官。

【故事】

政治是一種複雜的事業，絕非一人所能獨任。要在政治上有所成就和建樹，必須有志同道合之士的集體努力，方才可能。

在中國古代君主專制政體下，天下定於一尊，權力集於一人，但無論君主出於世襲或戰功，也無論君主本人英明或昏庸，一個人絕不可能獨擔重任，必須有一批人來輔佐他，推行政令。因此，對於君主來說，輔臣無異於左膀右臂。

在這批輔臣中，最重要的是宰相。其位在一人之下，萬人之上，職責尤為繁重。作為行政首腦，丞相總攬政務，無所不統，其重要性是顯而易見的。

然而，宰相既然是輔臣，他是否能夠發揮應有的作用，以及作用的大小，還必須取決於君主。君權和相權是相互消長的。由於君主是法律的主要制定者，他的權力又不受法律限制，如果君主要每事必過問，便會和宰相的職權相重疊，甚至相衝突。反之，他亦可垂拱而治，一切任由宰相去做，那宰相的權力便增大了。同時還有另一方面的情形，如果君主是個聖明之君，那麼丞相便可充分發揮其才幹，或者即使君主不很聖明，只要他能信任宰相，讓他放手開展工作，那麼亦可充分發揮其才幹；但如果君主是個專橫無道甚至暴虐的君主，那麼再有才幹的宰相也無法發揮其作用。

在中國幾千年的封建歷史長河中，賢明的臣相輩出，明君與名相，相互輝映，相得益彰。歷代傑出的臣相們以其人格品德、才能和作為，使得中國歷史呈現出五彩斑斕的景象，也給後世的政治家、領導者留下了珍貴的歷史經驗。

中國第一位傑出的宰相，可說是周公旦。他是周武王的弟弟，輔佐武王滅掉殷紂，建立周朝。武王死後又平定叛亂，制禮作樂，在鞏固和發展周王朝的統治上發揮了關鍵性作用，對中國歷史的發展產生了深遠影響。

武王滅商之後，由於日夜操勞，不久就身染重病而亡。武王在臨終前願意把王位傳給有德有才的周公，周公哭泣不止，堅決不接受。

武王死後，成王即位。成王當時不過是個十多歲的孩子，面對的是國家剛剛建立、尚未穩固、內憂外患接踵而來的複雜形勢，他是絕對應付不了的。在眾位大臣的要求下，周公執政代行王權，對穩固和發展剛剛建立起來的周政權發揮了巨大作用。

周公代行王權，引起了周王室一些人的非議，對此，周公說：「我之所以不迴避困難形勢而代行王政，是擔心天下背叛周朝，否則我無顏回報大王、王季、文王。三王憂勞天下已經很久了，而今才有所成就。武王過早地離開了我們，成王又如此年幼，我是為了成就周王朝，才這樣做的。」

周公稱王期間，基本上奠定了周王朝統治的政治、經濟基礎，周王朝呈現出國富民安的穩定局面。在他稱王的第七年，歸政給成王。周公在國家危難的時候，不避艱辛挺身而出，擔起王的重任；當國家轉危為安、走上順利發展的時候，又毅然歸政於王。這種無私無畏的精神，表現了周公作為一代政治家的坦蕩胸懷和高尚品質。

周公歸政於王後，擔任起輔臣角色。他悉心治理國家，並不斷向成王提出告誡，讓他體恤民情，勤自約束，不要貪圖安逸，以免重蹈殷紂王的覆轍。周公為周王朝可謂嘔心瀝血地奮鬥了一生。

在周公身上，體現著中國式領袖人物的政治理想。儘管歷史的車輪滾滾向前發展了數千年，中國歷代的傑出臣相無一不是以鞠躬盡瘁、克己奉公作為自己政治生命的原則，不管君主是賢是愚、是明是庸，他們都竭盡自己的才智，努力為國家、社稷和民眾而奮鬥不息，從而成為中國歷史的重要推動力量。

以公滅私

【名言】

以公滅私，民其允懷。

——《周官》

【要義】

政治大公無私，人民才能真正相信歸附。

【故事】

三國時期，魏、蜀、吳三國鼎立，諸葛亮為了完成蜀漢的統一大業，在七擒七縱孟獲平定南中之後，曾經六出祁山，征伐魏國，然而，第一次就因為馬謖（謖音ㄙㄨˋ）失街亭而失敗了。

蜀漢後主劉禪建興六年（二二八年），蜀相諸葛亮興兵北伐魏國，試圖統一全國。離開成都的時候，他給後主劉禪上了一道奏章，勸後主不要滿足現狀，妄自菲薄；要親近賢臣，疏遠小人；並且表示他決心擔負起興復漢朝的責任。這道奏章就是歷史上有名的《出師表》。

蜀軍所到之處勢如破竹。蜀建興五年（二二七年）冬天，諸葛亮帶領大軍到達漢中，因為漢中接近魏、蜀的邊界，在那裡可以隨時找機會進攻魏國。諸葛亮採取聲東擊西的辦法，傳出消息，要攻打郿城（今陝西眉縣），並且派大將趙雲帶領一支人馬，進駐箕谷（今陝西褒城北），裝出要攻打郿城的樣子。

魏軍得到情報，果然把主要兵力派守郿城。諸葛亮趁魏軍無防備，親自率領大軍，突然從西路撲向祁山（今甘肅禮縣東）。蜀軍經過諸葛亮幾年嚴格訓練，陣容整齊，號令嚴明，士氣十分旺盛。自從劉備死後，蜀漢多年沒有動靜，魏國毫無防備，這次蜀軍突然襲擊祁山，守在祁山的魏軍抵擋不了，紛紛敗退。蜀軍乘勝進軍，祁山北面天水、南安、安定三個郡的守將都背叛魏國，派人向諸葛亮求降。

那時候，魏文帝曹丕已經病死。魏國朝廷文武官員聽到蜀漢大舉進攻，都驚慌失措。剛剛即位的魏明帝曹叡（叡音ㄖㄨㄟˋ）較為鎮靜，他親自坐鎮長安督戰，派大將曹真、張郃（郃音ㄏㄜˊ）帶領五萬人馬趕到祁山去抵禦蜀兵。

諸葛亮到了祁山，決定派出一支人馬去佔領街亭（今甘肅莊浪東南），作為據點。讓誰來帶領這支人馬呢？當時他身邊還有幾位身經百戰的老將。可是他都沒有用，單單看中參軍馬謖。馬謖確實是個人才，而且是個奇才。他讀了不少兵書，平時很喜歡談論軍事。諸葛亮找他商量起打仗的事來，他就談個沒完，也出過一些好主意。

諸葛亮平定南中戰役中，對孟獲採取七擒七縱的攻心戰術，就源於他的建議。他擅長謀略，是個智囊型的人才，諸葛亮對他很是偏愛，也很信任他。但是劉備在世的時候，卻看出馬謖不大踏實，和「紙上談兵」的趙括是同一個類型，因此，他生前特意叮囑諸葛亮說：「馬謖這個人言過其實，不能派他做大事，還得好好考察一下。」但是諸葛亮沒有把這番話放在心上。這一回，他派馬謖當前鋒，王平做副將，率兩萬五千精兵守街亭，並再三叮嚀，守住街亭，即為攻取長安第一功，務必在衝要之地安營，使敵軍不能偷過。

馬謖和王平帶領人馬到了街亭，張郃的魏軍也正從東面開過來。馬謖看了地形，對王平說：「這一帶地形險要，街亭旁邊有座山，正好在山上紮營，部署埋伏。」

副將王平苦諫：這裡遠離水源，若魏兵四面圍定，如何堅守？而且提醒他說：「丞相臨走的時候囑咐過，要堅守城池，穩紮營壘。在山上紮營太冒險。」

馬謖沒有帶兵打仗的實際經驗，自以為熟讀兵書，認為「依阻南山，不下據城」是兵法所說，敵軍若來，正好憑高視下，殺他個片甲不留。因此他自以為是，根本不聽王平的勸告，堅持要在山上紮營。王平一再勸馬謖沒有用，只好央求馬謖撥給他幾千人馬，讓他在山下臨近的地方駐紮。

不久，張郃率領魏軍趕到街亭，看到馬謖放棄現成的城池不守，卻把人馬駐紮在山上，暗暗高興，馬上吩咐手下將士，在山下築好營壘，把馬謖紮營的那座山圍困起來。馬謖幾次命令兵士衝下山去，但是由於張郃堅守住營壘，蜀軍沒法攻破，反而被魏軍亂箭射死了不少人。

魏軍切斷了山上的水源。蜀軍在山上斷了水，連飯都做不成，時間一長，自己先亂了起來。張郃看準時機，發起總攻。蜀軍大亂，紛紛逃散，馬謖根本控制不了，最後，只好自己殺出重圍，往西逃跑。王平軍力太少，無法救援，只好帶領幾千人馬，穩守營盤，並叫兵士拚命打鼓，裝出進攻的樣子。張郃懷疑蜀軍有埋伏，不敢逼近他們。王平整理好隊伍，不慌不忙地向後撤退，不但人馬一個也沒損失，還收容了不少馬謖手下的散兵。

街亭失守。蜀軍失去了重要的據點，又喪失了不少人馬，魏軍趁機長驅直入，大敗蜀軍。街亭失守，使諸葛亮失去進取中原的據點和有利形勢，諸葛亮為了避免遭受更大損失，決定把人馬全部撤退到漢中。諸葛亮第一次出祁山就這樣失敗了。

諸葛亮回到漢中，經過詳細調查，知道街亭失守完全是由於馬謖違反了他的作戰部署。馬謖也承認了他的過錯。諸葛亮按照軍法，把馬謖下了監獄，定了死罪。

馬謖自己知道免不了一死，在監獄裡給諸葛亮寫了封信，信中寫道：「明公（諸葛亮字孔明）視謖猶子，謖視明公猶父，願深唯殛鯀興禹之意，使平生之交不虧於此，謖雖死無恨於黃壞也。」意思是丞相平日待我像待自己的兒子一樣，我也把丞相當作自己的父親。這次我犯了死罪，希望我死以後，丞相能夠像舜殺了鯀還用禹一樣，對待我的兒子，我死了也沒牽掛了。

他甘願領罪的精神，使大家為之落淚。對於一個經驗不足、犯了錯誤又承認錯誤的人，諸葛亮沒有給他改過機會，下令處死馬謖。

當時有人勸阻諸葛亮：天下尚未安定而殺死有智有謀的人，難道不值得惋惜嗎？

諸葛亮流著眼淚回答：「孫武（《孫子兵法》一書的作者，中國古代偉大的軍事家）之所以能夠百戰百勝，在於用法嚴明；現在國家分裂，戰事頻繁，不堅持以軍法從事，怎麼能討伐敵人呢！」就把馬謖殺了。這就是家喻戶曉的「馬謖失街亭」、「諸葛亮揮淚斬馬謖」的故事。它成為嚴肅軍紀、嚴格執法的一個範例，被人們一再傳誦。

諸葛亮殺了馬謖，想起他和馬謖平時的友誼，心裡十分難過，流下了眼淚。之後，他確實把馬謖的兒子照顧得很好。

諸葛亮認為王平在街亭曾經勸阻過馬謖，在退兵的時候，又用計保全了人馬，立了功，應該受獎勵，就把王平提拔為參軍，讓他統率五部兵馬。

諸葛亮對將士們說：「這次出兵失敗，固然是因為馬謖違反軍令。可是我用人不當，也應該負責。」於是他上了一份奏章給劉禪，請求把他的官職降低三級。劉禪接到奏章，不知該怎麼辦才好。有個大臣說：「既然丞相有這個意見，就依著他吧。」劉禪就下詔把諸葛亮降級為右將軍，仍舊負責丞相的事務。

由於諸葛亮賞罰分明，以身作則，蜀軍將士都很感動。大家把這次失敗當作教訓，士氣更加旺盛。後來，諸葛亮又帶兵殺出散關（今陝西寶雞西南），包圍了陳倉（今寶雞東），殺了一名魏將；第二年春天，又出兵收復武都（今甘肅成縣）、陰平（今甘肅文縣西北）兩個郡。後主劉禪認為諸葛亮立了功，下了一道詔書，恢復了諸葛亮的丞相職位。

作德心逸，作偽心勞

【名言】

作德心逸日休，作偽心勞日拙。

——《周官》

【要義】

做好事，心裡清閒，事也愈做愈好；做壞事，心裡很累，事也愈做愈壞。

【故事】

一天，魯國貴族孟孫氏帶隨從進山打獵，秦西巴跟隨左右。打獵途中，孟孫活捉了一隻可愛的小鹿，他非常高興，便讓秦西巴先把小鹿送回去，以供日後玩賞。

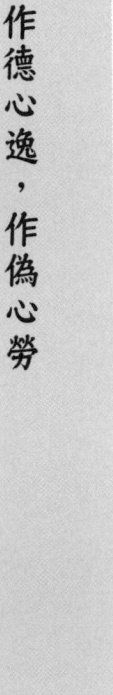

秦西巴在回來的路上，突然發現一隻大鹿緊跟在後，不停地哀號。那隻大鹿一號叫，這隻小鹿便應和，那叫聲十分淒慘。秦西巴明白了，這是一對母子，他覺得心中實在不忍，於是便把小鹿放在地上。那母鹿不顧秦西巴站在旁邊對自己有什麼危險，一下子衝到小鹿身邊，舔了舔小鹿的嘴，兩隻鹿便撒腿跑進林子裡，眨眼就看不見了。

孟孫打獵歸來，秦西巴對他說放走了小鹿，孟孫火冒三丈，打獵回來的餘興一下子全沒有了，他氣得將秦西巴趕出門。

過了三個月，孟孫的兒子到了念書的年齡，孟孫要為兒子找一位好老師。許多人都來向孟孫推薦老師，孟孫一一接見這些人，但他總覺得都不是十分滿意。正當孟孫悶悶不樂的時候，他突然想起了被自己趕出去的秦西巴，心中豁然開朗，立即命人去尋找秦西巴，並把他請回來，拜他為兒子的老師。

眾人對孟孫的做法很不理解，他們問道：「秦西巴當時自作主張，放走了大王所鍾愛的鹿，他對您是有罪的，您現在反而請他來做太子的老師，這是為什麼呢？」

孟孫笑了笑說：「秦西巴不但學問好，更有一顆仁慈的心。他對一隻小鹿都生憐憫之心，寧可自己獲罪也不願傷害動物的母子之情，現在請他做太子的老師，我可以放心了。」

秦西巴的仁慈之心，終於被孟孫理解，孟孫捐棄前嫌而啟用秦西巴。當時人稱，這事說明了「巧詐不如拙誠」的道理。

推讓庶官和

【名言】

推賢讓能，庶官乃和。

——《周官》

【要義】

推崇賢人，尊讓有能力的人，眾官才能協調一致工作。

【故事】

周赧王三十二年（前二八三年），秦昭襄王派使者帶著國書去見趙惠文王，說秦國情願讓出十五座城來換趙國收藏的一塊珍貴的「和氏璧」，希望趙王答應。趙惠文王就跟大臣們商量，要不要答應。要想答應，怕上秦國的當，丟了和氏璧，拿不到城；要不答應，又怕得罪秦國。議論了半大，還是不能決定該怎麼辦。

當時有人推薦藺相如，說他是個很有見識的人。惠文王就把藺相如召來，要他出個主意。藺相如說：「秦國強，趙國弱，不答應不行。」惠文王說：「要是把和氏璧送了去，秦國取了璧，不給城，怎麼辦呢？」藺相如說：「秦國拿出十五座城來換一塊璧玉，這個價值是夠高的了。要是趙國不答應，錯在趙國。大王把和氏璧送了去，要是秦國不交出城來，那麼錯在秦國。寧可答應，讓秦國擔這個錯。」惠文王說：「那麼就請先生上秦國去一趟吧。可是萬一秦國不守信用，怎麼辦呢？」藺相如說：「秦國交了城，我就把和氏璧留在秦國；要不然，我一定把璧完好地帶回趙國。」

藺相如帶著和氏璧到了咸陽。昭襄王得意地在別宮裡接見他。藺相如把和氏璧獻上去。昭襄王接過璧，看了看，很高興。他把璧遞給美人和左右侍臣，讓大夥兒傳著看。大臣們都向昭襄王慶賀。藺相如站在朝堂上等了老半天，也不見秦王提換城的事。他知道昭襄王不是真心拿城來換璧。可是璧已落到別人手裡，怎麼才能拿回來呢？他急中生智，上前對昭襄王說：「這塊璧雖說很名貴，但是也有點小毛病，不容易看出來，讓我來指給大王看吧。」

昭襄王信以為真，就吩咐侍從把和氏璧遞給藺相如。藺相如一拿到璧，往後退了幾步，靠著宮殿上的一根大柱子，瞪著眼睛，怒氣沖沖地說：「大王派使者到趙國來，說是情願用十五座城來換趙國的璧。趙王誠心誠意派我把璧送來。可是，大王並沒有交換的誠意。如今璧在我手裡。大王要是逼我的話，我寧可把我的腦袋和這塊璧在這柱子上一同砸碎！」說著，他真的拿著和氏璧，對著柱子做出要砸的樣子。

昭襄王怕他真的砸壞了璧，連忙向他賠不是，說：「先生別誤會，我哪會說了不算呢？」他就命令大臣拿上地圖來，並且把準備換給趙國的十五座城指給藺相如看。藺相如心想，可別再上他的當，就說：「趙王送璧到秦國來之前，齋戒了五天，還在朝堂上舉行了一個很隆重的儀式。大王如果誠意換璧，也應當齋戒五天，然後再舉行一個接受璧的儀式，我才敢把璧奉上。」昭襄王想，反正你也跑不了，就說：「好，就這麼辦吧。」他吩咐人把藺相如送到驛館去歇息。

藺相如回到驛館，叫一個隨從的人打扮成商人的模樣，把璧貼身藏著，偷偷地從小道跑回趙國去了。

過了五天，昭襄王召集大臣們和別國在咸陽的使臣，在朝堂舉行接受和氏璧的儀式，叫藺相如上朝。藺相如不慌不忙地走上殿去，向昭襄王行了禮。昭襄王說：「我已經齋戒五天，現在你把璧拿出來吧。」藺相如說：「秦國自秦穆公以來，前後二十幾位君主，沒有一個講信義的。我怕受欺騙，丟了璧，對不起趙王，所以把璧送回趙國去了。請大王治我的罪吧。」昭襄王聽到這裡，大發雷霆，說：「是你欺騙了我，還是我欺騙你？」

藺相如鎮靜地說：「請大王息怒，讓我把話說完。天下諸侯都知道秦是強國，趙是弱國。天下只有強國欺負弱國，絕對沒有弱國欺壓強國的道理。大王真要那塊璧的話，請先把那十五座城割讓給趙國，然後派遣使者跟我一起到趙國去取璧。趙國得到了十五座城以後，絕不敢不把璧交出來。」

昭襄王聽藺相如說得振振有辭，不好翻臉，只得說：「不過是一塊璧，不值得為這件事傷了兩國的和氣。」

結果，還是讓藺相如回趙國去了。

藺相如回到趙國，趙惠文王認為他完成了使命，就提拔他為上大夫。秦昭襄王本來也不存心想用十五座城去換和氏璧，只不過想藉這件事試探一下趙國的態度和力量。藺相如完璧歸趙後，他也沒再提交換的事。

秦昭襄王一心要使趙國屈服，接連入侵趙國邊境，佔了一些地方。周赧王三十六年（前二七九年），他又耍了個花招，請趙惠文王到秦地澠（澠音ㄇㄧㄢˇ）池（今河南澠池西）去會見。惠文王起初怕被秦國扣留，不敢去。大將廉頗和藺相如也都認為如果不去，反倒是向秦國示弱了。惠文王決定硬著頭皮去冒一趟險。他叫藺相如隨同他一塊兒去，讓廉頗留在國內輔助太子留守。為了防備意外，惠文王又派大將李牧帶兵五千人護送，相國平原君帶兵幾萬人，在邊境接應。

到了預定會見的日期，秦王和趙王在澠池相會，並且舉行了宴會，高興地喝酒談天。秦昭襄王喝了幾盅酒，帶著醉意對趙惠文王說：「聽說趙王彈得一手好瑟。請趙王彈個曲，給大夥兒湊個熱鬧。」說罷，真的吩咐左右把瑟拿上來。惠文王不好推辭，只好勉強彈了一首曲。秦國的史官當場就把這事記了下來，並且念著說：「某年某月某日，秦王和趙王在澠池相會，秦王令趙王彈瑟。」惠文王氣得臉都發紫了。

正在這時候，藺相如拿了一個缶（缶音ㄈㄡˇ，一種瓦器，可以打擊配樂），突然跪到秦昭襄王跟前，說：「趙王聽說秦王擅長秦國的樂器。我這裡有個瓦盆，也請大王賞臉敲幾下助興吧。」昭襄王勃然變色，不去理他。藺相如的眼睛射出憤怒的光，說：「大王未免太欺負人了。秦國的兵力雖然強大，可是在這五步之內，我可以把我的血濺到大王身上去！」

昭襄王見藺相如如此強勢，十分吃驚，只好拿起擊棒在缶上胡亂敲了幾下。藺相如回過頭來叫趙國的史官也把這件事記下來，說：「某年某月某日，趙王和秦王在澠池相會，秦王為趙王擊缶。」

秦國的大臣見藺相如竟敢這樣傷秦王的體面，很不服氣。有人站起來說：「請趙王割讓十五座城給秦王上壽。」

藺相如也站起來說：「請秦王把咸陽城割讓給趙國，為趙王上壽。」

秦昭襄王眼看這個局面十分緊張。他事先已探知趙國派大軍駐紮在臨近地方，真的動起武來，恐怕也得不到便宜，就喝住秦國大臣，說：「今天是兩國君王歡會的日子，諸位不必多說。」

這樣，兩國澠池之會總算圓滿而散。

藺相如兩次出使，保全趙國不受屈辱，立了大功。趙惠文王十分信任藺相如，拜他為上卿，地位在大將廉頗之上。

廉頗很不服氣，私下對自己的門客說：「我是趙國大將，立了多少汗馬功勞。藺相如有什麼了不起？倒爬到我頭上來了。哼！我見到藺相如，一定要給他點顏色看看。」這句話傳到藺相如耳朵裡，藺相如就裝病不去上朝。

有一天，藺相如帶著門客坐車出門，正是冤家路窄，老遠就瞧見廉頗的車馬迎面而來。他叫趕車的退到小巷裡去躲一躲。讓廉頗的車馬先過去。這件事可把藺相如手下的門客氣壞了，他們責怪藺相如不該這樣膽小怕事。

藺相如對他們說：「你們看廉將軍跟秦王比，哪一個勢力大？」

他們異口同聲說：「當然是秦王勢力大。」

藺相如說：「對呀！天下的諸侯都怕秦王。為了保衛趙國，我都敢當面責備他。怎麼我見了廉將軍反倒怕了呢？因為我想過，強大的秦國不敢來侵犯趙國，就因為有我和廉頗將軍兩人在。要是我們兩人不和，秦國知道了，就會趁機來侵犯趙國。就為了這個，我寧願容讓幾分。」

有人把這件事傳給廉頗聽，廉頗感到十分慚愧。他就裸著上身，背著荊條，跑到藺相如的家裡去請罪。他見了藺相如說：「我是個粗人，見識少，氣量窄。哪知道您竟這麼容讓我，我實在沒臉來見您。請您責打我吧。」

藺相如連忙扶起廉頗，說：「我們兩人都是趙國的大臣。將軍能體諒我，我已經萬分感激了，怎麼還來給我賠禮呢。」

兩人都激動得流了眼淚。自此以後，兩人就成了知心朋友。

惟志惟勤

【名言】

功崇惟志，業廣惟勤。

——《周官》

【要義】

有大志才能立大功；能辛勤工作才能成大事業。

【故事】

有位古人說過：「古之成大事者，不唯有超世之才，亦必有堅韌不拔之志。」西晉時的祖逖、劉琨就是這樣有堅忍不拔志氣的人。他們在西晉末年，匈奴貴族橫行北方、西晉王朝面臨崩潰的時候，堅持在北方戰鬥，成為抗擊匈奴的著名將領。

祖逖年輕的時候，有一個要好的朋友叫劉琨。在西晉初期，他們一起在司州（治所在今洛陽東北）做主簿。兩人談論起國家大事來，常常談到深更半夜。

一天夜裡，他們睡得正香的時候，一陣雞叫的聲音，把祖逖驚醒了。祖逖往窗外一看，天邊掛著殘月，東方還沒有發白。祖逖不想睡了，他用腳踢踢劉琨。劉琨醒來揉揉眼睛，問是怎麼回事。

祖逖說：「你聽聽，這可不是壞聲音呀。牠在催我們起床了。」

兩人高高興興地起床，拿下壁上掛的長劍，走出屋子，在熹微的晨光下舞起劍來。就這樣，他們一起天天苦練武藝，研究兵法，終於都成為有名的將軍。

先說劉琨在北方的故事。永嘉二年（三〇八年），晉懷帝任命劉琨做并州刺史。那時候，并州被匈奴兵搶奪殺掠，百姓到處逃亡。劉琨招募了一千多名兵士，冒著千難萬險，轉戰到了并州的晉陽（今山西太原西南）。晉陽城裡，房屋被焚毀，滿地長著荊棘，到處是一片荒涼。偶然見到一些留下來的百姓，已經餓得不成人形了。劉琨看到這種情況，心裡很難過。他命令兵士砍掉荊棘，掩埋屍體，重新把房屋城池都修復起來。他親自率領兵士守城，防備匈奴兵的襲擊。他還採取計策，讓匈奴的各部落互相猜疑。後來，有一萬多匈奴人投降了劉琨。

劉琨把流亡的百姓都召回來耕種荒地。不到一年時間，到處可以聽到雞鳴狗叫的聲音，晉陽城漸漸恢復了繁榮的景象。

劉聰攻破洛陽之後，西晉在北方的兵力大多被打散了，只有劉琨還在并州一帶堅持戰鬥。晉湣帝在長安即位後，派人封劉琨為大將軍，要他統率并州的軍事。

那時候，漢國大將石勒，佔據了襄國（在今河北邢台西南），集結了幾十萬大軍，想奪取并州。劉琨南面有劉聰，北面有石勒，前後受敵，處境困難到了極點。可是劉琨沒有害怕，沒有退縮。他在給晉湣帝的一份奏章裡說：「臣跟劉聰、石勒，勢不兩立。如果不討平他們，臣絕不回朝。」

劉琨在晉陽的時候，有一次被匈奴的騎兵層層包圍。晉陽城裡兵力太少，沒有力量打退敵人。大家都感到驚慌，劉琨卻仍然泰然自若。到了傍晚，他登上城樓，在月光下放聲長嘯，聲調悲壯。匈奴的騎兵聽了，都隨著嘯聲嘆息。半夜裡，劉琨又叫人用胡笳（一種樂器）吹起匈奴人的曲調，勾起了匈奴騎兵對家鄉的懷念，傷感得流下眼淚。天快亮的時候，城頭的笳聲又響了起來，匈奴兵竟自動跑散了。

後來，劉琨聯絡鮮卑族首領一起進攻劉聰，沒有成功。接著，石勒進攻樂平（今山西昔陽西南），劉琨派兵去救，被石勒預先埋伏好的精兵打得幾乎全軍覆沒。正在這個時候，又傳來了長安被劉聰攻陷的消息。到了這步田地，儘管劉琨再怎樣頑強，也沒法保住并州，只好率領殘兵投奔幽州去了。

劉琨的好友祖逖是率領將士從南方打到北方的。自從匈奴人佔領中原，北方有許多人避難到南方來。祖逖也帶了幾百名鄉親來到淮河流域一帶。在逃難的行列中，祖逖主動出來指揮，把自己的車馬讓給老弱有病的坐，自己的糧食、衣服給大家一起吃用。大家都十分敬重他，推他做首領。到了泗口（今江蘇清江北），祖逖手下已經有一批壯士，他們都是背井離鄉的北方人，希望祖逖帶領他們早日恢復中原。

當時，司馬睿還沒有即皇帝位。祖逖渡江到建康，勸琅琊（琅琊音ㄌㄤˊ ㄧㄝˊ）王司馬睿說：「晉朝大亂，主要是由於皇室內部自相殘殺，使胡人趁機攻進了中原。現在中原的百姓遭到了敵人殘酷迫害，人人想要起來反抗。只要大王下令出兵，派我們去收復失地，那麼北方各地的人民一定會群起響應。」

司馬睿並沒有恢復中原的打算，但是聽祖逖說得有道理，也不好推辭，勉強答應他的請求，派他做豫州（在今河南東部和安徽北部）刺史，撥給他一千人吃的糧食和三千匹布，至於人馬和武器，則叫他自己想辦法。

祖逖帶著隨同他一起來的幾百名鄉親，組成一支隊伍，橫渡長江。船到江心的時候，祖逖拿著船槳，在船舷邊拍打，向大家發誓說：「我祖逖如果不能掃平佔領中原的敵人，絕不再過這條大江。」他激昂的聲調和豪壯的氣概，使隨行的壯士個個感動，人人激奮。

到了淮陰，他們停下來一面製造兵器，一面招兵買馬，聚集了兩千多人馬，就向北進發了。

祖逖的軍隊一路上得到人民的支持，迅速收復了許多失地。當時，長江以北還有不少豪強地主，趁中原大亂的機會，佔據堡塢，互相爭奪。祖逖說服他們停止內爭，跟隨他一起北伐，對不聽號令、依附敵人的，就堅決打擊。祖逖的威望於是愈來愈高了。

劉琨在北方聽到老朋友祖逖起兵北伐，也很高興，說：「我夜間枕著兵器睡覺等天亮，就是一心要消滅敵人。現在祖逖跑到我前面去了。」

大興二年（三一九年），陳留地方的豪強地主陳川投降後趙國主石勒，祖逖決定發兵進攻陳川。

石勒派兵五萬援救，被祖逖打得大敗。接著，後趙的將領桃豹和祖逖的部下韓潛又爭奪蓬陂城（在河南開封附近）。戰鬥了四十天，相持不下，雙方的軍糧都發生了困難。

有一天，祖逖用布袋裝滿了泥土，派一千多名兵士扛著，運到了晉營，裝作運糧的樣子。最後又派了幾個兵士扛著幾袋米，運到半路上，故意停下來休息。

桃豹在趙營內看到晉兵運來那麼多的米，自然眼紅，就趁晉兵休息的時候，派了大批兵士來搶。

晉兵丟下米袋就逃。趙營裡早已斷了糧，搶到了一點米，只能夠勉強維持幾天，但是大家看到晉營裡軍糧那麼充足，軍心就動搖起來了。

桃豹趕快派人向石勒求救。過了幾天，石勒派了一千頭驢子裝運了糧食接濟桃豹。祖逖早就探得情報，在路上設下伏兵，把後趙的糧食全部截奪下來。這樣一來，桃豹再也支持不住，連夜放棄陣地逃跑了。

祖逖領導晉兵艱苦抗爭，收復了黃河以南的全部領土，後趙的兵士陸續向祖逖投降的也很多。晉元帝即位後，因為祖逖功勞大，封他為鎮西將軍。

祖逖在戰鬥的艱苦環境中，和將士們同甘共苦，生活得很節約，把省下的錢盡量幫助部下。他還獎勵耕作，招納新歸附的人。即使是跟自己關係疏遠和地位低下的人，他也同樣熱情地對待，各地的百姓都很擁護他。

有一次，祖逖舉行宴會招待當地父老，人們高興得又是唱歌，又是跳舞。有些老人流著眼淚說：「我們都老了，今天能夠在活著的日子裡看到親人，死了也可以瞑目了。」

祖逖一面操練士兵，一面擴大兵馬，預備繼續北伐，收復黃河以北的國土。哪知昏庸的晉元帝對祖逖竟放心不過，怕祖逖勢力太大了不好控制，就派戴淵來當征西將軍，統管北方六州的軍事，命祖逖歸他指揮。

祖逖辛辛苦苦收復失地，反而受到朝廷的牽制，心裡很不舒坦。不久，祖逖聽說他的好友劉琨在幽州被王敦派人害死，又聽說晉元帝跟王敦正在明爭暗鬥，心裡又是憂慮，又是氣憤，終於得病死了。豫州的男女老少聽到祖逖去世的消息，像死了自己的親人一樣傷心。

祖逖雖然沒有完成恢復中原的事業，但他那中流擊楫的英雄氣概，一直被後代的人所傳誦。

祖逖和劉琨從聞雞起舞的朋友到成為抗擊匈奴的著名將領，他們的豐功偉績已經永垂青史！

果斷無後艱

【名言】

惟克果斷，乃罔後艱。

——《周官》

【要義】

克，能。這句話的意思是只有處事果斷，才沒有後來的艱難。

【故事】

項羽接受了章邯（邯音ㄏㄢˊ）投降之後，想趁著秦國混亂，趕快打到咸陽去。

大軍到了新安（今河南新安），投降的秦兵紛紛議論說：「咱們的家都在關中，現在打進關去，受災難的還是我們自己。要是打不進去，楚軍把我們帶到東邊去，我們的一家老小也會被秦兵殺光。怎麼辦？」

部將聽到這些議論，去報告項羽。項羽怕管不住秦國的降兵，就起了殺心，除了章邯和兩名降將之外，一夜之間，竟把二十多萬秦兵全部活活地埋在坑裡。打那以後，項羽的殘暴可就出了名。

項羽的大軍到了函谷關，瞧見關上有兵守著，不讓進去。守關的將士說：「我們是奉沛公的命令，不論哪一路軍隊，都不准進關。」

項羽這一氣非同小可，命令將士猛攻函谷關。劉邦兵力少，不費多大功夫，項羽就打進了關。大軍接著往前走，一直到了新豐、鴻門（今陝西臨潼東北），駐紮下來。

劉邦手下有個將官曹無傷，想投靠項羽，偷偷地派人到項羽那兒去密告，說：「這次沛公進入咸陽，是想在關中稱王。」

項羽聽了，氣得瞪著眼直罵劉邦不講理。

項羽的謀士范增對項羽說：「劉邦這次進咸陽，不貪圖財貨和美女，他的野心可不小。現在不消滅他，將來後患無窮。」

項羽下決心要把劉邦的兵力消滅。那時候，項羽的兵馬四十萬，駐紮在鴻門；劉邦的兵馬只有十萬，駐紮在灞上。雙方相隔只有四十里地，兵力懸殊。劉邦的處境十分危險。

項羽的叔父項伯是張良的老朋友，張良曾經救過他的命。項伯怕仗一打起來，張良會陪著劉邦遭難，就連夜騎著快馬到灞上去找張良，勸張良逃走。張良不願離開劉邦，卻把項伯帶來的消息告訴了劉邦。劉邦請張良陪同，會見項伯，再三辯白自己沒有反對項羽的意思，請項伯幫忙在項羽面前說句好話。項伯答應了，並且叮囑劉邦親自到項羽那邊去賠禮。

第二天一清早，劉邦帶著張良、樊噲（噲音ㄎㄨㄞˋ）和一百多名隨從，到了鴻門拜見項羽。劉邦說：「我跟將軍同心協力攻打秦國，將軍在河北，我在河南。我自己也沒有想到能夠先進了關。今天在這裡和將軍相見，真是件令人高興的事。哪知道有人在您面前挑撥，讓您生了氣，這實在太不幸了。」項羽見劉邦低聲下氣向他說話，滿肚子氣都消了。他老老實實地說：「這都是你的部下曹無傷來說的。要不然，我也不會這樣。」

當天，項羽就留劉邦在軍營喝酒，還請范增、項伯、張良作陪。

酒席上，范增一再向項羽使眼色，並且舉起他身上佩帶的玉玦（玦音ㄐㄩㄝˊ，古代一種佩帶用的玉器），要項羽下決心，趁機把劉邦殺掉。可是項羽只當沒看見。

范增看項羽不忍心下手，就藉個因由走出營門，找到項羽的堂兄弟項莊說：「咱們大王心腸太軟，你進去給他們敬酒，找個機會，把劉邦殺了算了。」項莊進去敬了酒，說：「軍營裡沒有什麼娛樂，請讓我舞劍助助興吧。」說著，就拔出劍舞起來，舞著舞著，慢慢舞到劉邦面前來了。

項伯看出項莊舞劍的用意是想殺劉邦，說：「咱們兩人來對舞吧。」說著，也拔劍起舞。他一面舞劍，一面老把身子護住劉邦，使項莊刺不到劉邦。張良一看形勢十分緊張，也向項羽告個別，離開酒席，走到營門外找樊噲。樊噲連忙上前問：「怎麼樣了？」張良說：「情況十分危急，現在項莊正在舞劍，看來他們要對沛公下手了。」樊噲跳了起來說：「要死死在一起。」他右手提著劍，左手拿著盾牌，直往軍門衝去。衛士們想攔住他，樊噲拿盾牌一頂，就把衛士撞倒在地上。他拉開帳幕，闖了進去，氣呼呼地望著項羽，頭髮像要往上直豎起來，眼睛瞪得大大的，連眼角都要裂開了。

項羽十分吃驚，按著劍問：「這是什麼人，到這兒幹什麼？」張良已經跟了進來，替他回答說：「這是替沛公駕車的樊噲。」項羽說：「好一位壯士！」接著，就吩咐侍從的兵士賞他一杯酒，一隻豬腿。

樊噲一邊喝酒，一邊非常氣憤地說：「當初，懷王跟將士們約定，誰先進關，誰就封王。現在沛公進了關，但並沒有做王。他封了庫房，關了宮室，把軍隊駐在灞上，天天等將軍來。像這樣勞苦功高，沒受到什麼賞賜，將軍反倒想殺害他。這是在走秦王的老路呀，我倒替將軍擔心了。」

項羽聽了，無言以對，只說：「坐吧。」樊噲就挨著張良身邊坐下了。過了一會，劉邦起來上廁所，張良和樊噲也跟了出來。劉邦留下一些禮物，交給張良，要張良向項羽告別，自己帶著樊噲從小道跑回灞上去了。

劉邦走了好一會，張良才進去向項羽說：「沛公酒量小，剛才喝醉了酒先回去了。叫我奉上白璧一雙，獻給將軍；玉斗一對，送給亞父（項羽對范增的尊稱）。」

項羽接過白璧，放在坐席上。范增卻非常生氣，把玉斗摔在地上，砸得粉碎，說：「唉！真是沒用的小子，沒法替他出主意。將來奪取天下的，一定是劉邦，我們等著做俘虜吧。」

後來的歷史發展果真應了范增的這句話，劉邦依靠張良、蕭何和韓信等人的幫助，打敗了項羽，奪取了天下，建立了漢朝，歷史上稱之為「西漢」。

有容德乃大

【名言】

有忍，其乃有濟；有容，德乃大。

——《君陳》

【要義】

有忍耐精神，所做之事才能成功；有忍讓寬容的胸懷，德行才能廣大。「海納百川，有容乃大；壁立於仞，無欲則剛」說的就是這一道理。

【故事】

清康熙年間文華殿大學士張英是安徽桐城人，在桐城有一處很大的府宅。張家要蓋房子，地界連著葉秀才家，葉家要張家留出一條路，張家依仗張英在朝廷當丞相，不僅斷然拒絕，反而要葉家留路，雙方爭執不下。張府管家竟然什麼也不管，強行將牆磚砌上，誰知性情剛直的葉秀才偏偏不怕什麼權勢，跑到桐城縣衙告了一狀。就這樣，一個窮秀才便與堂堂相府打起了官司。

當官司剛剛打起來時，葉秀才的親戚朋友都為這個窮教書先生擔心，有人說他是自不量力，一個窮秀才與當朝大學士打官司，一定會碰得頭破血流；有人勸他不要爭，好漢不吃眼前虧，嚥下這口氣算了。儘管葉家親朋說得唇焦口乾，無奈葉秀才倔強得要命，他認定道理在自己一方，堅持要把這場官司打下去，也不相信滿肚子學問的大學士不講理。

不久，張府管家為了打贏這場官司派了家人騎馬趕赴京城去向張英求救。

張英，字敦復，出身書香門第，官宦之家。少年時既聰穎，又好讀書。長大後科場上很得意，不到三十歲，即康熙六年（一六六七年），高中第十二名進士，被選為翰林院庶起士，接著是編修充日講起居注官，侍讀學士。康熙十六年（一六七七年），入值南書房。當時，康熙正在征討三藩之亂，從前方來的軍書、戰報紛紛送呈，皇上每天親至乾清門處理政務後，又駕臨懋勤殿與一群文學之臣講經論義。這一時期，張英往往清晨入宮晚上出宮，退朝後復又被宣召，有時正吃飯時因皇上召見而輟食入宮。他的勤奮、謹慎、鎮靜自如的態度，深得康熙好感，所以每次皇上到各地巡視，必令張英隨侍。他的文筆很好，當時的詔告和諭旨大多由他草擬。

由於政績卓著和皇上的器重，所以張英官運亨通，不久即遷翰林院學士兼禮部侍郎、兵部侍郎，康熙二十八年（一六八九年）又擢工部尚書，兼翰林院掌院學士，其間還幾度出任《國史》、《一統志》、《淵鑑類涵》、《政治典訓》、《平定朔漠方略》的總裁官。康熙三十八年（一六九九年）升為文華殿大學士。

張英為人性情溫和，平易近人，廉潔耿直，豁達大度。在仕途中，他薦舉了不少人擔任不同官職，但從不使被薦舉者知道是自己所為。他一貫實事求是，不浮誇，也不掩過，凡屬民生疾病，四方水旱災害出現，他都知無不言。他這種踏實、誠信的作風，被康熙讚譽為「始終敬慎，有古大臣風」。這樣一位具有高尚道德情操的大臣，怎麼會為區區小事而憑藉權勢去欺壓平民呢？但是官司已經打起來了，怎麼去平息？這是他今天在書房裡坐立不安的原因。

張英看完桐城老家派人送來的有關與鄰居葉秀才家為地皮打官司的信後，心中久久不能平靜。他沒有想到老家這個管家竟然如此糊塗，為了些許小事竟與鄰居打官司，鬧得滿城風雨，有損張家忠厚、仁慈與人無爭的門風。更氣惱的是，管家竟然派人來京城求援，希望自己與當地縣官打個招呼，憑藉權勢，使葉家敗訴。這種仗勢壓人的勾當，豈是他堂堂相府所能做的？

然則怎樣回覆家中的來信，又怎樣平息這場官司呢？他苦苦思索，未獲良策。人在書房裡，一會兒坐在木椅上，雙目緊閉，下意識地將桌上家書拿起，又復放下；放下，又復拿起；

一會兒，又站起身來，緊鎖眉頭，在磚地上來回踱步。他恨自己頭腦笨拙，多少軍國大事，他都能輕鬆地應付過去，唯獨這件家務事卻讓他腸枯思竭！

張英一邊在書房裡苦苦思索，一邊凝視著窗外，庭院裡大樹上有一隻知了在高聲鳴叫，知了的鳴叫將沉思中的張英驚醒。知了的鳴叫雖然響亮，但牠的生命只有一個夏季而已。從知了的居高鳴叫中，張英得到某種啟示，一個處理老家桐城張、葉兩家官司的妙法在腦際形成。於是，他提筆在管家來信上題了四句詩，將信封好，叮囑家人迅速返回桐城妥善交予管家。

就在大學士張英在京城府中苦苦思索解決張、葉兩家官司辦法的時候，桐城縣的百姓仍在為這場官司議論紛紛。特別是聽說張家已派出家人趕赴京城時，這種議論一時形成高潮。百姓們之所以關注這場官司，是因為原告和被告雙方的身分、地位懸殊太大；一方是皇上寵信，鼎鼎有名的當朝大學士，權重勢大，而且三個兒子、四個孫兒都是翰林，真正是一屋子的官；而另一方卻是一個教私塾的窮秀才，勢孤力單。正因為雙方勢力的懸殊太大，再加上張府去京城搬救兵的舉動風一般地傳遍全城，從而引發了百姓們對這場官司新的議論：

「張家派人去北京，還不是為了這場官司，看來葉秀才要倒楣了！」

「如今是官官相護，哪有什麼是非曲直？只要大學士說句話，知府、縣官誰不拍馬屁？」

「千不怪、萬不怪，只怪葉秀才這個書呆子太固執了。唉，如果有個三長兩短，這一家老小如何過日子？」

百姓們的議論雖多，歸結起來只有一條，大家所關注的還是當朝大學士的態度。因為大學士的一言一行都關係到這場官司的結局，關係到葉秀才一家的命運，更關係到這個社會的風氣，是官官相護，黑白顛倒，無是非曲直可言？還是秉公執法，互助互讓，鄰里和睦相處？

過了幾天，人們看見張府派到京城的家人回來了，消息一傳十、十傳百，很快傳遍全城。一時間，張、葉兩家都成了人們的焦點。有人偷偷去看張府砌的牆是否動工？更多的人關注的則是葉家的安危。

而葉秀才一家卻又是一種景象，葉秀才得知張府家人返回消息，第二天，就把家人喚到一起，這個飽讀詩書，窮困潦倒的秀才，內心雖然有些慌亂，但表面上卻裝得很正常，他摸著嘴上稀疏的鬍鬚，手中拿著旱煙袋，命令兒子點上火，含在嘴裡「咕嚕咕嚕」地響過一陣後，輕輕地吐出一口煙，然後嘆口氣，緩慢地說：「聽說張府派去京城的人回來了，猜想大學士一定會給知縣寫信。如今官官相護，縣官一定站在張家一邊，不過我葉某是不會屈從的，只要有一口氣，我還要與他們抗爭到底。」停了停，轉身對自己妻子說：「萬一我有個三長兩短，這副重擔就要由妳來挑了。」說完，兩眼濡濕，眼淚簌簌地流下。

葉秀才妻子是個知書達禮的婦人，她見丈夫決心為爭口氣，不惜坐穿牢底也要討回公道，也流著淚，臉漲得通紅，鼓勵丈夫說：「相公，人窮志不窮，你放心去打官司，萬一有什麼不測，這個家就交給我好了！」

葉秀才的大兒子已經十六歲，在父親的嚴教下，讀了很多書，對世事也有所瞭解。他見父母為打這場官司，意志都很堅強，便屈膝跪在父親面前，一臉稚氣地安慰著說：「爹，您放心去打官司，如果真要去坐牢了，兒子會像緹縈一樣去設法營救您的！」

葉秀才見兒子這樣說，深感欣慰，多日來因為情緒壓抑而少有表情的臉上一瞬間恢復了活力，眉毛開始聳動。他用近乎顫抖的手撫摸著兒子的頭，沉著聲說：「好，爹爹有了你這個有志氣的兒子，什麼都不怕了！」

由於一家人互相激勵，堂上沉悶的空氣一掃而光。於是葉夫人到房中為丈夫準備好衣服後，下廚做飯，而堂上又響起了幾個兒子的琅琅讀書聲。

第二天，葉秀才見縣衙未有動靜，準備去私塾給學生們上課，正待動身，忽聽門外有人敲門，起身開門一看，卻是張府的管家。

葉秀才見了管家，二話不說，拉著管家的手，連連說：「好，我等了你幾天了，今天我們就去縣衙做個了結。」

張管家是個四十開外的中年人，見葉秀才滿臉怒氣，要拉自己去縣衙，便一反過去那種盛氣凌人的態度，一張圓胖的臉上，堆滿笑容，掙脫了手，心平氣和地說：「秀才，別急，我今天是特地來找你的！」

「我知道你是要來找我的，走呀！」葉秀才還是漲紅著臉，大聲催促著。

張管家見葉秀才還是這樣急，便笑著說：「秀才，你莫慌，你聽我說，我家相爺從京城帶信來了……」

沒等張管家說完，葉秀才就搶著說：「我早知道你們是搬救兵去了。儘管你們官官相護，我相信是非自有公論。」

張管家見葉秀才仍在生氣，便笑著說：「相公你別激動，也不要胡亂猜測，我今天是來正式通知你……」

「通知什麼！我知道你們府上與縣太爺很熟。」葉秀才氣鼓鼓地說。

「你誤會了！我是通知你，我們家明天就拆牆讓出三尺寬的路來。」

「什麼？」葉秀才不相信自己的耳朵，又重複地問：「你說什麼？」

「我們家明天拆牆讓出三尺寬的路來！」張管家幾乎是一字一句地重複了一遍。

葉秀才驚怔了一會，突然臉漲得通紅，氣呼呼地說：「張管家，你們去京城搬救兵，宰相究竟準備對我葉家怎樣，你要實說，但不要這樣耍弄我！」

不管葉秀才如何發怒，張管家臉上依然很平靜，他笑了笑，從懷中掏出一張紙來；笑著說：「葉相公，你是秀才，一定懂得詩詞，我家相爺的態度就寫在紙上。」說罷，將一張紙雙手遞來。

葉秀才接過信箋，只見上面寫道：

千里求書為道牆，讓他三尺又何妨。
長城萬里今猶在，不見當年秦始皇。

葉秀才讀過之後，拿紙的手激動得顫抖起來，接連讀了五、六遍，愈讀愈高興，板著的臉才漸漸開朗，最後，收斂了笑容，虔誠地嘆道：「真是宰相度量，宰相度量！」

第二天，張府果然開始拆牆，後讓三尺。為大學士寬宏大度的氣量所感動的葉秀才也主動將牆後退了三尺。拆牆的這天，桐城滿城百姓都攜老扶幼爭相觀看這一盛況。他們稱讚張府的寬宏大量和忍讓精神，也決心把這一美德推廣到全縣。

由於張、葉兩家各讓三尺，合成六尺，這條六尺寬、三十丈長的巷子，便被人稱為「六尺巷」。

六尺巷如今已成為桐城縣的名勝，供人觀光。「長城萬里今猶在，不見當年秦始皇」，富有哲理的詩句，至今仍廣為流傳，成為世人立身處世的警句，也使熱衷於名利的人得到啟示。

無敢逸豫

【名言】

惟日孜孜，無敢逸豫。

——《君陳》

【要義】

這句名言的意思是，每天孜孜不倦，不敢偷懶圖舒適。

【故事】

明朝崇禎帝在北京煤山上吊自殺的消息傳到明朝陪都南京，大臣們一片慌亂。他們馬上立福王朱由崧做皇帝，在南京建立了一個政權，歷史上把它叫做南明，把朱由崧稱為弘光帝。但弘光帝朱由崧是個迷戀酒色、極端荒唐的人。鳳陽總督馬士英和一批魏忠賢的餘黨利用昏庸的弘光帝，操縱了南明政權。弘光帝和馬士英根本不想抵抗清兵，過起了荒淫的生活。

南明政權的兵部尚書史可法，本來不贊成讓朱由崧做皇帝，為了避免引起內部衝突才勉強同意。弘光帝即位以後，史可法主動要求到前方去統率軍隊。那時候，長江北岸有四支明軍，叫做四鎮。四鎮的將領都是驕橫跋扈之人。他們割據地盤，互相爭奪，放縱兵士殘殺百姓。史可法在南方將士中威信高，他到了揚州，那些將領不得不聽他的號令。史可法親自去找那些將領，勸他們不要自相殘殺；接著，又把他們分配在揚州周圍駐守，自己坐鎮揚州指揮。大家就稱呼他史督師。

史可法做了督師，以身作則，跟兵士同甘共苦，受到將士們的愛戴。這年大年夜，史可法把將士都打發去休息，獨自留在官府裡批閱公文。到了深夜，他感到精神疲勞，把值班的廚子叫了來，要點酒菜。

廚子回報說：「遵照您的命令，今天廚房裡的肉都分給將士去過節，下酒的菜一點也沒有了。」史可法說：「那就拿點鹽和醬下酒吧。」

廚子送上了酒，史可法就靠著几案喝起酒來。史可法的酒量本來很大，來到揚州督師後，就戒酒了。這一天，為了提振精神，才破例喝了點。一拿起酒杯，他想到國難臨頭，又想到朝廷如此腐敗，心裡愁悶，邊喝酒邊掉熱淚，不知不覺多喝了幾盅，帶著幾分醉意伏在几案上睡著了。

第二天一清早，揚州文武官員依照慣例到督師衙門議事，只見大門還緊緊地關著。大家不禁奇怪，因為督師平常都是起得極早的。後來，有個兵士出來，告訴大家說：「督師昨晚喝了酒，還沒醒來。」

揚州知府任民育說：「督師平日操勞過度，昨夜睡得這麼好，真是難得的事。大家別去驚動他，讓他再好好休息一會吧。」他還把打更的人找來，要他重複打四更的鼓（打四更鼓，表示天還沒亮）。

史可法一覺醒來，天已經大亮，側耳一聽，打更人還在打四更，不禁勃然大怒，把兵士叫了進來說：「是誰在那裡亂打更鼓，違反我的軍令。」兵士把任民育吩咐的話說了，史可法才沒話說，趕快接見官員，處理公事。

從那天起，史可法下定決心不再喝酒了。

沒多久，清軍在多鐸帶領下，大舉南下。史可法指揮四鎮將領抵抗，打了幾回勝仗。可是南明政權內部卻起內訌。駐守武昌的明軍將領左良玉為了跟馬士英爭權，起兵進攻南京。馬士英害怕得要命，急忙將江北四鎮軍隊撤回，對付左良玉，還用弘光帝名義要史可法帶兵回南京保護他。

史可法明知道清軍壓境，不該離開。但是為了平息內爭，不得不帶兵回南京，剛過長江，知道左良玉已經兵敗。他急忙回江北，清兵已經逼近揚州。史可法發出緊急檄文，要各鎮將領集中到揚州守衛。但是過了幾天，竟沒有一人發兵來救。史可法知道，只有依靠揚州軍民，孤軍奮戰了。

清軍到了揚州城下，多鐸先派人到城裡向史可法勸降，一連派了五個人，都被史可法拒絕。多鐸惱羞成怒，下令把揚州城緊緊包圍起來。揚州城危急萬分，城裡一些膽小的將領害怕了。第二天，就有一名總兵和一名監軍背著史可法，帶著本部人馬，出城向清軍投降。這一來，城裡的守衛力量就更薄弱了。

史可法把全城官員召集起來，勉勵他們同心協力，抵抗清兵，並且分派了守城的任務。他分析一下形勢，認為西門是最重要的防線，就親自帶兵防守西門。將士們見史可法堅定沉著，都很感動，表示一定要和督師一起，誓死抵抗。

多鐸命令清兵沒日沒夜地輪番攻城。揚州軍民奮勇作戰，把清兵的進攻一次次打回去。清兵死了一批，又來了一批，形勢愈來愈危急了。多鐸下了狠心，開始用大砲攻城。他探聽到西門防守最嚴，又是史可法親自防守，就下令砲手專向西北角轟擊。砲彈一顆顆在西門口落下來，城牆漸漸塌下，終於被轟開了缺口。

史可法正在指揮軍民防堵缺口，大批清軍已經蜂擁著衝進城來。史可法眼看城已經沒法再守，拔出佩刀往自己脖子上抹。隨從的將領們搶上前去抱住史可法，把他手裡的刀奪了下來。

史可法還不願走，部將們連拉帶勸地把他保護出小東門。這時候，有一批清兵過來，看見史可法穿的明朝官員的裝束，就吆喝著問他是誰。史可法怕傷害別人，就高聲說：「我就是史督師，你們快殺我吧！」

清順治二年（一六四五年），揚州城陷落，史可法被害。

彰善癉惡樹風聲

【名言】

旌別淑慝，表厥宅里，彰善癉惡，樹之風聲。

——《畢命》

【要義】

彰：表明，癉（癉音ㄉㄢˋ），憎恨。這句名言的意思是：表彰善的，貶斥惡的，樹立教化的好風氣。

【故事】

唐朝時候，溫璋在京城任兆尹（官職名）。他剛直不阿，執法如山，嫉惡如仇，誰要為非作歹，只要落到溫璋手上，便休想逃脫。溫璋用嚴刑酷法毫不手軟地處死了一批不法之徒，使得京城治安非常好，那些流氓地痞無賴，沒有一個不畏懼溫璋的。

為了方便老百姓告狀、訴冤，溫璋還派人在衙門外掛上一只懸鈴，好讓告狀者隨時撞響鈴鐺。

一天，溫璋忽聽堂外懸鈴一陣疾響，便馬上派人出去查看。那差人在鈴下四處張望，卻未見到有人前來撞鈴。正奇怪間，那鈴鐺又響了。差人不知何故，那鈴鐺卻連響了三次，差人這才發現撞鈴的原來是隻烏鴉。

差人立即向溫璋報告了烏鴉撞鈴之事。溫璋想了片刻，說：「這隻烏鴉定遭了什麼傷心事，牠才前來訴冤的。」他就命令差役跟著烏鴉走，看看到底發生了什麼事。

那隻烏鴉在前面盤旋飛翔，替差役引路，差役一路上緊緊跟隨，終於來到城外一片樹林子裡，烏鴉盤旋在一棵樹旁不再前進，還「嘎嘎」地叫個不停。差役一看，樹上一個鳥窩被人掏空了，而那個掏走小烏鴉的人還沒有走，正在樹下休息，手裡還在玩弄著小烏鴉。小烏鴉可憐巴巴地「嚶嚶」哀鳴著。見此情景，差役立即將那人捉回了官府。

溫璋親自審理此案。他認為，烏鴉雖不是人，但母子親情，與人同理，烏鴉被人迫害，前來官府申訴，求助於官，此事本來就有些異乎尋常。那掏走小烏鴉的人，拆散烏鴉母子，殘害弱小，行徑惡劣，不能寬容。於是，溫璋下令將那人處以重罰，為烏鴉申了冤，報了仇。

後來，此事傳開，那些為非作歹之徒更是小心翼翼，收斂了許多，再也不敢輕易為非作歹。

溫璋明察秋毫，體察民間疾苦，對哪怕是再細小的事都執法如山，毫不留情，因此才能真正扼制住社會的惡勢力，確保一方平安。

政貴有恆

【名言】

政貴有恆，辭尚體要，不惟好異。

——《畢命》

【要義】

這句名言的意思是：政治措施貴在有常（不能老是變來變去），言詞崇尚合於事體有要點，不要愛好標新立異。

【故事】

烽火是古代傳遞緊急戰爭訊息的一種方法。每當敵人侵犯的時候，把守第一道關的兵士就把烽火燒起來；第二道關上的兵士見到煙火，也把烽火燒起來。這樣一個接一個燒著烽火，附近的軍隊見到了，就會發兵來救。這個辦法一般在十萬火急的情況下使用。但周幽王為了贏得美人一笑，竟隨意點燃烽火。

春秋戰國時期，西周的周宣王死了以後，兒子姬宮涅即位，史稱周幽王。周幽王什麼國家大事都不管，就知道吃喝玩樂，還打發人到處找美女。有個大臣名褒珦（珦音ㄒㄧㄤˋ）勸諫幽王，周幽王不但不聽，反把褒珦下了監獄。褒珦在監獄裡被關了三年。褒家的人千方百計把褒珦救出來。他們在鄉下買了一個漂亮的姑娘，把這個姑娘當作褒家人，取名叫褒姒。褒家人教會她唱歌跳舞，並把她打扮得漂漂亮亮，獻給幽王，替褒珦贖罪。幽王得了褒姒，高興得不得了，就把褒珦釋放了。他十分寵愛褒姒，但褒姒自從進宮以後，心情卻悶悶不樂，沒有露過一次笑臉。幽王想盡辦法讓她笑，但她怎麼也笑不出來。周幽王就發出一個佈告：有誰能讓王妃娘娘笑一下，就賞他一千兩金子。

有個馬屁精叫虢（虢音ㄍㄨㄛˊ）石父，替周幽王想了一個餿主意。他對周幽王說：「現在天下太平，烽火台長久沒有使用了。我想請大王跟娘娘上驪山去玩幾天。到了晚上，咱們把烽火點起來，讓附近的諸侯見了趕來，上個大當。娘娘見了這許多兵馬撲了個空，保管會笑起來。」周幽王拍著手說：「好極了，就這麼辦吧！」

原來，周王朝為了防備犬戎的進攻，在驪山（在今陝西臨潼東南）一帶造了二十多座烽火台，每隔幾里地就是一座。如果犬戎打過來，士兵就點燃烽火，一個接一個的烽火燒著，附近的諸侯見到了，就會發兵來救周幽王。

周幽王一行上了驪山，真在驪山上把烽火點了起來。臨近諸侯得了這個警訊，以為犬戎打過來了，趕緊帶兵來救。沒想到趕到那兒連一個犬戎兵的影兒也沒有，只聽到山上一陣陣奏樂和唱歌的聲音，大夥兒都愣住了。幽王派人告訴他們說，辛苦了大家，這裡沒什麼事，不過是大王和王妃放煙火玩，你們回去吧！諸侯知道上了當，憋著一肚子氣回去了。

褒姒不知道他們鬧的是什麼玩意，看見驪山腳下來了好幾路兵馬，亂哄哄的樣子，就問幽王是怎麼回事。幽王一五一十告訴了她。褒姒真的笑了一下。幽王見褒姒開了笑臉，就賞給虢石父一千兩金子。

幽王寵愛褒姒，後來乾脆把王后和太子廢了，立褒姒為王后，立褒姒生的兒子伯服為太子，王后的父親是中國的諸侯，得到這個消息，就聯合犬戎進攻鎬京。

幽王聽到犬戎進攻的消息，驚慌失措，連忙下令把驪山的烽火點起來。烽火倒是燒起來了，可是諸侯以為這次也是周幽王鬧著玩，誰也不來理會他們。烽火台上白天冒著濃煙，夜裡火光沖天，但就是沒有一個救兵到來。

犬戎大兵一到，鎬京的兵馬不多，勉強抵擋了一陣，被犬戎兵打得落花流水。犬戎的人馬像潮水一樣湧進城來，把周幽王、虢石父和褒姒生的伯服殺了，把褒姒也給搶走了。

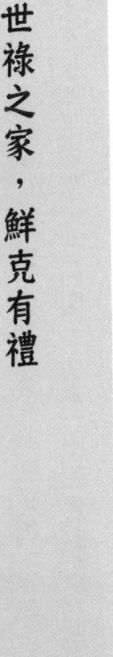

世祿之家，鮮克有禮

【名言】

世祿之家，鮮克由禮；以蕩陵德，實悖天道。

——《畢命》

【要義】

這句名言的意思是：那些世卿世祿的人家，很少能有按禮法行事的；以放縱敗壞道德，實在是違背自然規律的。

【故事】

晉武帝統一全國後，志滿意得，完全沉湎在荒淫生活裡。在他帶頭提倡下，朝廷裡的大臣把擺闊氣當作體面的事。

在京都洛陽，當時有三個出名的大富豪：一個是掌管禁衛軍的中護軍羊琇，一個是晉武帝的舅父、後將軍王愷，還有一個是散騎常侍石崇。

羊琇、王愷都是外戚，他們的權勢比石崇來得大，但是在豪富方面卻比不上石崇。石崇的錢到底有多少，誰也說不清。這許多錢是哪兒來的呢？原來石崇當過幾年荊州刺史，在這期間，他除了加緊搜刮民脂民膏之外，還幹過骯髒的搶劫勾當。有些外國的使臣或商人經過荊州地面，石崇就派部下敲詐勒索，甚至像江洋大盜一樣，公開殺人劫貨。這樣，他就掠奪了無數的錢財、珠寶，成了當時最大的富豪。

石崇到了洛陽，一聽說王愷的豪富很出名，有心跟他比一比。他聽說王愷家裡洗鍋子用飴糖水，就命令他家廚房用蠟燭當柴火燒。這件事一傳開，人家都說石崇家比王愷家闊氣。

王愷為了炫耀自己富，又在他家門前的大路兩旁，夾道四十里，用紫絲布做屏障。誰要上王愷家，都要經過這四十里紫絲屏障。這個奢華的裝飾，把洛陽城轟動了。石崇一心想壓倒王愷，便用比紫絲貴重的彩緞，鋪設了五十里屏障，比王愷的屏障更長、更豪華。

王愷又輸了一個回合。但是他還不甘心，向他的外甥晉武帝請求幫忙。

晉武帝覺得這樣的比賽挺有趣，就把宮裡收藏的一株兩尺多高的珊瑚樹賜給王愷，好讓王愷在眾人面前誇耀一番。有了皇帝幫忙，王愷比闊的勁頭更大了。他特地請石崇和一批官員上他家吃飯。宴席上，王愷得意地對大家說：「我家有一件罕見的珊瑚，請大家觀賞一番如何？」

大家當然都想開一開眼界。王愷命令侍女把珊瑚樹捧了出來。那株珊瑚有兩尺高，長得枝條勻稱，色澤粉紅鮮豔。大家看了讚不絕口，都說真是一件罕見的寶貝。只有石崇在一邊冷笑。

他看到案頭正好有一支鐵如意（一種器物），便順手抓起，朝著大珊瑚樹正中，輕輕一砸。「嘡啷」一聲，一株珊瑚被砸得粉碎。周圍的官員們都大驚失色。主人王愷更是滿臉通紅，氣急敗壞地責問石崇：「你……你這是幹什麼！」

石崇嬉皮笑臉地說：「您用不著生氣，我還您就是了。」

王愷又是痛心，又是生氣，連聲說：「好，好，你還我來。」

石崇立刻叫隨從的人回家去，把他家的珊瑚樹統統搬來讓王愷挑選。不一會，一群隨從回來，搬來了幾十株珊瑚樹。這些珊瑚中，三、四尺高的就有六、七株，大的竟比王愷的高出一倍，而且株株條幹挺秀，光彩奪目。至於像王愷家那樣的珊瑚，那就更多了。周圍的人都看呆了。王愷這才知道石崇家的財富，比他不知多出多少倍，也只好認輸。

這場比闊的鬧劇就這樣結束了。石崇的豪富就在洛陽傳出了名。當時有一位大臣傅咸，上了一道奏章給晉武帝。他說：這種嚴重的奢侈浪費，比天災還要嚴重。現在這樣比闊氣，比奢侈，不但不被責罰，反而被認為是榮耀的事，這樣下去怎麼了得。晉武帝看了奏章，根本不理睬。他跟石崇、王愷一樣，一面加緊搜刮，一面窮奢極侈。西晉王朝一開始就這樣腐敗，也就注定其不可能長久。

思艱圖易民乃寧

【名言】

思其艱以圖其易，民乃寧。

——《君牙》

【要義】

這句名言的意思是：考慮到治國的艱難，而尋求簡易的治理方法，人民才能安寧。

【故事】

無為而治，是道家所推崇的政治理想。它要求在上位者遵循天地的運行規則，採用無所作為的態度去治理國家。這樣一來，在上位者並不動口，也不親自做事，卻可使四海治平，天下安定。

莊子在《天道篇》中說：「虛靜、恬淡、寂寞無為，是天地的水平儀、道德的最高峰，所以帝王聖人都生活在這個境界裡。生活在這裡心就虛曠，虛曠才是真正的充實，充實就是合理；虛曠才能行動，行動就有收穫；安靜就會無為，無為就悠悠自在，悠悠自在憂患就不放在心上，壽命就會長久。虛靜、恬淡、寂寞無為，是萬物的根本。」

莊子在《天道篇》中又說：「帝王的德性，宗奉天地之道，以道德為基本準則，把無為作為不變的行為規範。無為，支配整個天下還有餘暇；有為，勞碌終日還忙不過來。所以古人非常貴重無為……古代在天下稱王的人，知識雖然包羅天地，但不自己思考；辯才雖能駁倒一切，自己卻並不動口；才能雖然可治理四海，卻不親自做事。」

莊子所闡述的這種政治理想，無論是在古代的政治生活中，還是在現代的管理中，都證明是十分有效的。在上位者無須事無巨細一概插手，只需執其要術，抓其大綱，垂拱而治，讓部下充分發揮其才幹。這已是被人們所廣為接受的領導和管理方法。

作為一種政治理想，無為而治在歷史上只有漢初實行過。尤其在漢初宰相曹參身上，這種領導藝術被發揮得淋漓盡致，曹參也因此成為無為而治型領導者中的典範。

西漢惠帝即位第二年（前一九三年），年老的相國蕭何病重。惠帝親自去探望他，還問他將來誰來接替他合適。

蕭何不願意表示意見，只說：「誰還能像陛下那樣瞭解臣下呢？」

惠帝問他：「你看曹參怎麼樣？」

蕭何和曹參早年都是沛縣的官吏，跟隨漢高祖一起起兵。兩人本來關係很好，後來曹參立了不少戰功，可是他的地位卻比不上蕭何，因此兩人之間的友好關係出現了裂縫。但是蕭何知道曹參是個治國的人才，所以惠帝一提到他，他也表示贊成，說：「陛下的主意錯不了。有曹參接替，我死了也安心了。」

曹參本來是位將軍，漢高祖封長子劉肥做齊王的時候，命曹參做齊相。那時候，天下剛安定下來，曹參到了齊國，召集齊地的父老和儒生一百多人，問他們應該怎樣治理百姓。這些人說了一些意見，但是各有各的說法，不知聽哪個才好。後來，曹參打聽到當地有一位很有名望的隱士，叫蓋公。曹參把他請了來，向他請教。

這個蓋公是相信黃老學說的（黃老就是指黃帝、老子），主張治理天下的人應該清靜無為，讓老百姓過安定的生活。曹參依了蓋公的話，盡可能不多去打擾百姓。他做了九年齊相，齊國所屬的七十多座城都較為安定。

蕭何一死，漢惠帝馬上命令曹參進長安，接替蕭何做相國。沒想到曹參當上了相國後，還是用蓋公清靜無為的辦法，一切按照蕭何已經規定好的章程辦事，什麼也不變動。

相府後面是一座花園，緊靠著花園的後園牆，就是一所官家宿舍，住在宿舍的官員，終日飲酒叫嚣，吵鬧不堪，有些人不勝其擾，很想報告相國。

一天，他們陪同曹參遊園，正好聽到喧嘩之聲，就趁機報告說這些官員平日生活如何放縱，請求丞相嚴懲他們。曹參聽說後，就派人將那些好飲酒取鬧的官員們喚來，不僅不喝斥他們，反而大擺酒宴，並且不顧身分體面，和他們一起縱酒吆喝，盡情歡樂，弄得那些告發的人啼笑皆非。曹參發現部下有小過失，只要不傷大體的，總是設法為之掩蓋。這樣一來，朝廷上下，倒也相安無事。

在朝中無所事事，曹參就終日在相府中飲酒作樂。有些好事者看曹參不理政事，便前來謁見想要有所陳說。但是他們一到曹參家裡，曹參就請他們一起喝酒。要是有人在他跟前提起朝廷大事，他總是把話岔開，弄得別人沒法開口。而且殷勤勸酒，把他們灌得酩酊大醉扶門而出，使他們沒有開口的機會。最後客人喝得醉醺醺地回去，什麼也沒法說。

年輕的惠帝看到曹參不怎麼問事，以為他仗著是先帝高祖的舊臣，倚老賣老，瞧不起他，不把自己放在眼裡，就著實有些不快。

曹參的兒子曹窋（窋音ㄓㄨˊ），在皇宮裡侍候惠帝。惠帝囑咐他說：「你回家的時候，找個機會問問你父親：高祖歸了天，皇上那麼年輕，國家大事全靠相國來主持。但您天天喝酒，不管事，這麼下去，怎麼能夠治理好天下呢？看你父親怎麼說。」

曹窋趁假期回家去的時候，就照惠帝的話一五一十跟曹參說了。曹參一聽，就上火了，他罵道：「你這個毛頭小子懂得個什麼，國家大事也輪到你來囉唆。」說著，竟叫僕人拿板子來，把曹窋打了一頓。曹窋莫名其妙地受了責打，非常委屈，回宮的時候當然向漢惠帝訴說了。漢惠帝也感到很不高興。

第二天，曹參上朝的時候，惠帝就對他說：「曹窋跟你說的話，是我叫他說的，你打他幹什麼？」曹參向惠帝請了罪，接著說：「請問陛下，您跟高祖比，哪一位更英明？」

漢惠帝說：「那還用說，我怎麼能比得上高皇帝。」

曹參說：「我跟蕭相國比較，哪一個能幹？」

惠帝不禁微微一笑，說：「好像不如蕭相國。」

曹參說：「陛下說的話都對。陛下不如高皇帝，我又不如蕭相國。高皇帝和蕭相國平定了天下，又給我們制訂了一套規章。我們只要按照他們的規定照著辦，不要失職就是了。」惠帝這才有點明白過來。

曹參用他的黃老學說做了三年相國。由於那時正處於長期戰亂之後百姓需要安定，他那套辦法沒有給百姓增加更多的負擔。因此，當時有人編了歌謠稱讚蕭何和曹參：「蕭何為法，若劃一；曹參代之，守而勿失。載其清淨，民以寧一。」意思是，蕭何制訂的法令，清楚劃一，曹參接替，嚴守不失去，因為其清淨無為，才使得人民平安。這首歌是對無為而治的治國政策的稱道，也是對曹參的讚美。成語「蕭規曹隨」正是由此而來。

治國艱難

【名言】

心之憂危，若蹈虎尾，涉於春冰。

——《君牙》

【要義】

心頭的憂愁畏懼，就像踩在虎尾巴上，就像走在春天的薄冰上。此為比喻治國的艱難。

【故事】

西元九六〇年，趙匡胤（匡胤音ㄎㄨㄤ ㄧㄣˋ）即位做了皇帝，國號宋，定都東京（今河南開封），歷史上稱為北宋。趙匡胤就是宋太祖。經過五十多年混戰的五代時期，宣告結束。

宋太祖做了皇帝，他的母親當然成了太后。當大臣們向太后祝賀的時候，太后卻皺起眉頭，顯出很憂愁的樣子。

等大臣退了朝，侍從們向太后說：「皇上即位，您怎麼還不快活？」

太后說：「我聽說做天子很不容易。能夠把國家管理好，這個位子才是很尊貴的；要是管理不好，出了亂子，再想做一個老百姓可能還做不成呢。」

太后的擔心不是沒有道理的。宋太祖雖然即位，但是全國還沒有統一，別說周圍還有一個個割據政權，就是原來後周統治的中原地區，也還有一些節度使，對宋太祖即位很不服氣。

果然，宋太祖即位後不出半年，就有兩個節度使起兵反對宋朝。宋太祖親自出征，費了很大力氣，才把他們平定。為了這件事，宋太祖心裡總不大踏實。有一次，他單獨找趙普談話，問他說：「自從唐朝末年以來，換了五個朝代，沒完沒了地打仗，不知道死了多少老百姓，這到底是什麼道理？」

趙普說：「道理很簡單。國家混亂，毛病就出在藩鎮權力太大。如果把兵權集中到朝廷，天下自然太平無事了。」宋太祖連連點頭，讚賞趙普說得好。

後來，趙普又對宋太祖說：「禁軍大將石守信、王審琦兩人，兵權太大，還是把他們調離禁軍為好。」

宋太祖說：「你放心，這兩人是我的老朋友，不會反對我。」

趙普說：「我並不擔心他們叛變。但是據我看，這兩人沒有統率的才能，管不住下面的將士。有朝一日，下面的人鬧起事來，只怕他們也身不由己呀！」

宋太祖敲敲自己的額角說：「虧得你提醒。」

過了幾天，宋太祖在宮裡舉行宴會，請石守信、王審琦等幾位老將喝酒。喝過幾巡，宋太祖命令在旁侍候的太監退出。他拿起一杯酒，先請大家乾了杯，說：「我要不是有你們幫助，也不會有現在這個地位。但是你們哪知道，做皇帝也有很大難處，還不如做個節度使自在。不瞞各位說，這一年來，我就沒有一夜睡過安穩覺。」

石守信等人聽了十分驚奇，連忙問這是什麼緣故。

宋太祖說：「這還不明白？皇帝這個位子，誰不眼紅呀？」

石守信等聽出話音來了。大家著了慌，跪在地上說：「陛下為什麼說這樣的話？現在天下已經安定了，誰還敢對陛下三心二意？」

宋太祖搖搖頭說：「對你們幾位我信得過，但只怕你們的部下將士當中，有人貪圖富貴，把黃袍披在你們身上，你們想不幹，行嗎？」

石守信等聽到這裡，感到大禍臨頭，連連磕頭，含著眼淚說：「我們都是粗人，沒想到這一點，請陛下指引一條出路。」

宋太祖說：「我替你們著想，你們不如把兵權交出來，到地方上去做個閒官，買點田產房屋，給子孫留點家業，快快活活度個晚年。我和你們結為親家，彼此毫無猜疑，不是更好嗎？」

石守信等齊聲說：「陛下替我們想得太周到啦！」

酒席一散，大家各自回家。第二天上朝，每人都遞上一份奏章，說自己年老多病請求辭職。宋太祖馬上照准，收回他們的兵權，賞給他們一大筆財物，打發他們到各地去做節度使。

歷史上把這件事稱為「杯酒釋兵權」（「釋」是「解除」的意思）。

過了一段時期，又有一些節度使到京城來朝見。宋太祖在御花園舉行宴會。太祖說：「你們都是國家老臣，現在藩鎮的事務那麼繁忙，還要你們做這種苦差，我真過意不去！」有位識相的節度使馬上接口說：「我本來就沒什麼功勞可言，如今留在這個位子上也不合適，希望陛下准我告老還鄉。」也有位節度使不知趣，嘮嘮叨叨地把自己的經歷誇說了一番，說自己立過多少多少功勞。宋太祖聽了，直皺眉頭，說：「這都是陳年老帳了，盡提它幹什麼？」

第二天，宋太祖把這些節度使的兵權全部解除了。

宋太祖收回地方將領的兵權以後，建立了新的軍事制度，從地方軍隊挑選出精兵，編成禁軍，由皇帝直接控制；各地行政長官也由朝廷委派。透過這些措施，新建立的北宋王朝開始穩定下來。宋太祖穩定了內部，雄心勃勃，準備出兵統一全國。當時，五代時期的「十國」，留下來的北方有北漢，南方還有南唐、吳越、後蜀、南漢、南平等。要統一全國，該先從哪裡下手呢？先打北漢，還是先打南方呢？宋太祖想了幾天，還是猶豫不決。

一天夜裡，風雪交加。趙普正在家裡烤火取暖，忽然聽得門外一陣敲門聲。趙普心裡奇怪，這麼寒冷的夜裡，還有誰會來找他？他打開門一看，只見一個人披著斗篷，在雪地裡站著。趙普一看，大吃一驚，竟是宋太祖。趙普連忙把宋太祖請進屋裡，撥紅了炭火，在炭火上燉上肉，叫妻子拿酒招待。趙普問：「雪下得這麼大，陛下為什麼還要出來？」

宋太祖說：「我想起一件事，反正睡不著，就來找你商量一下。」

趙普想了一會，說：「如果我們先打下北漢，就會受到遼朝的威脅。還不如先削平南方，回過頭來再打北漢。小小北漢，不過像彈丸一樣大，晚一點收拾也跑不了。」

宋太祖笑著說：「我們想到一起去了。」

宋太祖和趙普決定了先南後北的計畫以後，約莫花了十年時間，先後出兵消滅了南平、後蜀、南漢。如此，南方的割據政權只留下南唐和吳越兩國。

南唐是「十國」中最大的一個割據政權，那裡土地肥沃，沒有像中原那樣遭到戰爭的破壞，所以經濟繁榮，國力富裕。但是，南唐的國主都是政治上十分昏庸無能的人，後來弄得國力漸漸衰弱下來。

南唐最後的一個國主李煜（煜音ㄩˋ），歷史上稱後主，是一位著名的詞人，對詩詞、音樂、書畫，十分精通，但就是不懂得處理國事。北宋建國後，李煜每年向北宋進貢大量金銀財寶，想維持他日前的地位。後來，他看到宋太祖接連消滅了周圍三個小國，才著慌起來，趕快派使者給宋太祖送去一封信，表示願意取消南唐國號，自己改稱「江南國主」。但是這一點小小讓步，怎麼能改變宋太祖統一中國的決心呢？

北宋開寶七年（九七四年秋），宋太祖派大將曹彬、潘美帶領十萬大軍分水陸並進攻打南唐。曹彬從荊南帶領水軍沿江東下，很快就佔領了池州（今安徽貴池），進駐采石磯（今安徽馬鞍山）。潘美帶領的步兵到了江北，被遼闊的江面擋住了進軍的道路。有人向宋軍獻計，如果用竹筏和大船搭成浮橋，步兵就可以全部順利過江。潘美聽了這個計策，馬上趕造浮橋。

這個消息傳到南唐國都金陵（今江蘇南京），南唐君臣正在喝酒。李後主問周圍大臣該怎麼辦？

大臣說：「自古以來，沒聽說能搭浮橋過江的，這一定辦不成！」

李後主聽完，哈哈大笑說：「我早說他們是小孩子鬧著玩罷了。」

過了三天，宋軍搭好浮橋，潘美的步兵像在陸地上行軍一樣，跨過長江。南唐的守將敗的敗，降的降，宋軍很快就直逼金陵城邊。那時候，李後主還正在宮裡跟一批和尚道士誦經講道，宋軍到了城外，他還蒙在鼓裡呢。

有一天，他到城頭上巡視，發現城外到處飄揚著宋軍旗幟，這才大吃一驚，回宮以後，派大臣徐鉉（鉉音ㄒㄩㄢˋ）到東京去求和。

徐鉉見了宋太祖說：「李煜侍陛下，就像兒子侍奉父親一樣孝順，為什麼還要起兵討伐他呢？」宋太祖反問說：「那麼你倒說說，父親和兒子能分成兩家嗎？」徐鉉沒話說，回到金陵向李後主回報。過了一個月，宋軍圍城愈來愈緊，李後主又派徐鉉到東京去。

徐鉉苦苦懇求宋太祖不要進攻金陵，宋太祖聽得不耐煩，一手按住利劍，怒氣沖沖地說：「你不要多說了。李煜並沒有什麼罪。但是現在天下一家，我的床邊怎麼能讓別人呼呼大睡呢！」

徐鉉眼看再懇求也沒用，只好再回到金陵。李後主聽了回報，知道求和沒有希望，連忙調動駐守各地的十五萬大軍來救。兵到皖（皖音ㄨㄢˇ）口，受到宋軍兩路夾攻。南唐軍放火燒宋軍，哪知正碰到起北風，大火反而燒了自己，南唐軍全軍覆沒。

曹彬派人進城告訴李後主，勸他趁早投降，免得城裡百姓的生命財產遭到毀滅。後主還想拖下去，曹彬就下令攻城。第二天，城被攻破了。曹彬率領宋軍整隊進城，秩序井然。李後主叫人在宮裡堆了柴草，準備放火自殺，但是畢竟沒有這個勇氣。最後還是帶著大臣出宮門，向曹彬投降。

李後主被押到東京，宋太祖對他還比較優待。但是李後主從一個盡情享樂的國君變成一個亡國的俘虜，心裡十分辛酸，每天流著眼淚過日子。他本來是寫詞的能手，在這段時期裡，寫了一些感情憂傷的詞。「**問君能有幾多愁，恰似一江春水向東流。**」就是他這段時期詞作中的名句。

國家圖書館出版品預行編目資料

《尚書》智慧名言故事 / 張富祥 編

-- 一版. -- 臺北市 :廣達文化，2010.05

; 公分. - (經典智慧名言叢書 : 10) (文經閣)

ISBN 978-957-713-437-0 (平裝)

1. 書經 2.格言 3.通俗作品

621.11 99003045

本書感謝齊魯出版社授權出版

經典智慧名言叢書：10

《尚書》智慧名言智慧

編者：張富祥

主編：張樹驊
副主編：沈冰稚

文經閣
出版者：廣達文化事業有限公司
Quanta Association Cultural Enterprises Co. Ltd

發行所：臺北市信義區中坡南路路 287 號 4 樓
電話：27283588　傳真：27264126
E-mail：siraviko@seed.net.tw

本公司經臺北市政府核准登記 登記證為局版北市業字第九三二號
印　刷：卡樂印刷排版公司　　　裝　訂：秉成裝訂有限公司

代理行銷：創智文化有限公司
臺北縣中和市建一路 136 號 5 樓　電話：22289828　傳真：22287858

一版一刷：2010 年 05 月

定　價：240 元

文經閣

貧者因書而富
富者因書而貴